상품 소싱의 미학

상품 등록 및 관리

판매수익 및 정산관리

상표권과 저작권   179

5년 전만 해도 일과 가정 사이에서 균형을 찾지 못하던 워킹맘이자, 컴퓨터를 다룰 줄 모르는 평범한 아줌마였다. 매일 아침 아이들을 어린이집에 맡기고, 제일 늦게 데리러 갈 때마다 막연히 직장을 그만두고 싶다고 생각할 뿐이었다.

판매자로
성장하기

　5년 전만 해도 일과 가정 사이에서 균형을 찾지 못하던 워킹맘이자, 컴퓨터를 다룰 줄 모르는 평범한 아줌마였다. 매일 아침 아이들을 어린이집에 맡기고, 제일 늦게 데리러 갈 때마다 막연히 직장을 그만두고 싶다고 생각할 뿐이었다. 지금은 내 수익으로 가족의 생계를 책임지고 있다. 셀러만 아니라 수강생을 가르치기도 하는데, 매번 똑같이 가르쳐도 수강생마다 다른 결과가 나오는 게 참 신기하다. 분명 같은 커리큘럼으로 공부하는데 누구는 매출이 터지고 누구는 초기 성과에서 벗어나지 못한다.

　포인트는 배운 내용을 자기 것으로 만들어 적극적으로 실천하는 데 있다. 적용하고 실험하며, 반복적으로 연습하는 사람은 빠른 성장을 경험한다. 이해할 수 있는 정도에 한계가 있다고 무력하게 타협하지 말자. 표면적인 지식만 얻고 싶은 거라면 애초에 돈을 써서 강의를 듣거나 책을 읽을 필요도 없다. 목표가 있는 수강생은 눈빛부터 다르다. 어느 정도의 매출을 올리겠다는 명확한 목적을 가진 사람은 학습 내용을 알아서 자신의 상황에 맞춰 대입하고 연결하고 적용한다. 그것이 진정한 배움이다.

　그러나 아무리 본인이 최선을 다해도 통제하기 어려운 외부 요인들이 있다. 그래서 시장의 수요를 파악하고 경쟁 업체를 분석해 제대로 된 전략을 구상해야 한다. 실제로 단기간에 높은 성과를 내는 수강생에게는 빠른 학습 능력과 신속한 실행력, 몰입력이 있다. 이 3가지가 우리의 미래를 결정한다.

　사업이란 게 운이 차지하는 비중도 크지만, 기회를 얻으려면 먼저 준비해야 한다. 준비되지 않은 사람에게는 운도 비껴가기 마련이다. 실행하지 않는 사람은 준비될 수 없다. 안 될 이유를 가지고 주저할 시간에 일단 하나라도 시작하자. 목표를 이루기 위해 끝없는 학습과 실행을 반복하고, 사고방식이

근본적으로 전환되는 강력한 변화의 순간을 맞이한다. 5년 전 육아와 직장에 치여 살던 나도 숱한 우여곡절을 겪으며 여기까지 왔다. '열심히 하면 누구나 할 수 있다.'라는 응원은 결코 빈말이 아니다. 수강생들을 만나며 단지 지식을 전달하는 게 아니라 내면에 숨겨진 무한한 가능성을 발견하고자 했다. 누구에게나 가능성이 있고 발전의 여지가 있다. 배경지식이나 경험이 부족하다고 포기하는 것만큼 어리석은 일은 없다. 성공은 과거의 유물이 아니다. 실행과 몰입과 반복의 무한 루프를 향해 가자.

목표가 신기루처럼 멀어 보일 수 있다. 당장은 눈앞에 보이는 목표를 하나씩 해결해 나가는 것이 중요하다. 구체적인 목표를 설정하고 하나씩 단계를 밟아 나가면, 결국에는 기회가 찾아오고 그 기회를 잡을 수 있다. 오늘의 작은 노력들이 쌓여서 내일의 큰 성과를 만들어 낸다는 사실을 기억해야 한다.

수강생들의 성공은 나의 성공이다. 이전에는 스스로의 잠재력을 과소평가하던 학생들도 자신의 꿈을 펼치고 경제적 자유를 누린다. 누구나 자기 분야에서 성공할 수 있다. 함께한 수많은 수강생이 그 증거이다. 그들의 변화와 성장은 내게도 큰 영감을 주었고, 앞으로도 계속될 것이다.

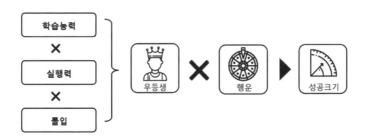

수강생 사례 & 매출 공개

1. 30대 후반 워킹맘 송xx는 6개월 만에 매출 8천만 원을 달성했다. 지난 3월로 9년 동안 다니던 회사를 그만두고 셀러로 활동하기 시작했다. 현재 전업 셀러로서 성공적인 커리어를 이어가고 있다.

2. 50대 자영업 대표 홍xx는 100일 만에 목표 매출 약 1억 원을 달성했다. 온라인 지식이 전혀 없는데도 부단한 노력으로 짧은 기간 동안 비즈니스를 눈에 띄게 성장시켰다. 현재도 지속적으로 사업을 확장하며 더 큰 목표를 향해 나아가고 있다.

3. 입시 학원 10년 차 영어 강사 문xx는 5살 쌍둥이 엄마로, 강의를 들은 후 3,200만 원의 매출을 달성했다. 아이들을 키우면서도 성공적으로 자신의 비즈니스를 운영해 왔다. 최근에는 남편도 함께 쿠팡 사업을 시작하며 가족이 함께 성장하고 있다.

4. 50대 여성 이xx는 온라인 비즈니스를 처음 시작했지만, 곧 매출 1억 원을 달성할 예정이다. 현재 이미 8천만 원의 매출을 돌파하며 놀라운 성과를 보여주고 있다. 매출 1억 원을 달성하면 감사 인사를 오겠다고 약속했다. 불굴의 의지와 노력으로 많은 사람들에게 귀감이 되고 있다.

5. 닭발집을 운영하던 이xx는 장사의 어려움 때문에 온라인 비즈니스를 시작했다. 자리를 잡기까지는 힘들었지만, 꾸준한 노력 끝에 현재 월 매출 1억 원 이상을 유지하고 있다. 새로운 도전과 함께 성공을 이루며 자신의 사업을 확장해 가고 있다.

6. 온라인 셀링을 처음 시작하신 김xx 대표님은 월 매출 1억 원 이상을 꾸준히 유지하고 있다. 대표님의 성공 비결은 끊임없는 열정과

노력에 있다.

7. 제조업에 진출한 음xx는 쌍화차와 대추차 브랜드를 런칭했다. 전통적인 맛을 현대적인 감각으로 재해석하여 많은 소비자들의 사랑을 받고 있다. 해당 브랜드는 높은 품질과 차별화된 마케팅 전략으로 빠르게 성장하는 중이다. 제조업 분야에서 새로운 성공 사례를 만들어가고 있다.

8. 구매 대행을 하던 김xx는 최근 쿠팡 그로스로 전환하여 큰 성과를 이루었다. 새로운 플랫폼에 도전해 성공적으로 적응하며 월 매출 1억 원 이상을 꾸준히 유지하고 있다. 이러한 전략적 전환은 비즈니스에 큰 변화를 불러왔다.

9. 잘나가는 사업가였던 김xx는 사기를 당해 사업을 접고 힘든 시기를 보내던 중 쿠팡을 시작했다. 누구보다 간절히 노력한 결과, 두 달 만에 월 매출 1억 원을 달성하고 100평 물류 창고까지 계약하며 수강생 중 최단기 최고 매출을 이뤄냈다.

잠재력은 어떻게 발견하느냐에 따라 다른 형태로 발전한다

셀링을 시작하려면 먼저 사업자를 등록해야 한다. 사업자를 통해 안정적인 사업을 운영할 수 있다. 법적인 보호뿐만 아니라 다양한 혜택과 지원도 받을 수 있다. 구매자도 신뢰 가능한 판매자라고 인식한다.

CHAPTER 1

개인 사업자 준비

셀링을 시작하려면 먼저 사업자를 등록해야 한다. 사업자를 통해 안정적인 사업을 운영할 수 있다. 법적인 보호뿐만 아니라 다양한 혜택과 지원도 받을 수 있다. 구매자도 신뢰 가능한 판매자라고 인식한다. 이로써 더 많은 고객에게 다가갈 뿐만 아니라 거래를 성사하는 데 보탬이 된다.

개인 사업자는 온라인으로 간편하게 신청하면 되는데, 용감하고 무지했던 아줌마는 무작정 동사무소로 향했다. 접수를 받던 직원의 황당한 표정을 잊을 수가 없다. 왜 사업자를 동사무소에서 받으려고 하는지 이해할 수 없어 보였다. 사업자를 신청하려면 사무실 임대차 계약서가 필요하다는 사실도 당연히 몰랐다. 동사무소를 세 번이나 다녀온 끝에 사업자를 받았다. 서류상 시작에 불과했지만, 상장이나 표창을 받은 것처럼 마냥 설레고 부자가 될 것만 같았다.

개인 사업자 등록

사업자 등록증 발급

먼저 국세청 홈택스 사이트(https://www.hometax.go.kr)에 접속한다. 상단 카테고리에서 '국세증명' -> '사업자등록' -> '세금 관련 신청/신고'를 선택한 후 '사업자등록신청, 정정, 휴폐업' -> '개인 사업자등록 신청'에 접속한다. 이제 정보 기입란을 하나씩 채워 넣자.

상호

한글로 작성하고 외국어는 괄호 안에 표기한다. 사업장이 없는 개인 사업자는 '사업장(단체) 소재지'에 본인 집 주소를 기재해도 괜찮다. 자택으로도 사업자를 낼 수 있기 때문이다. 대신 무상 임대차 계약서를 첨부해야 한다.

업종

'업종 선택'에서 '업종 입력/수정'을 선택하고 '업종코드'를 입력한다. 525101은 전자상거래 도매업, 525103은 전자상거래 소매업 코드이다. 정보 입력 후 '등록하기'를 누르면 '업종 등록'이 완료된다.

과세 형태

사업자 유형은 일반 과세와 간이 과세가 있다. 처음 온라인 판매를 시작했을 때는 과세에 대한 개념이 없어서 무작정 검색을 해 보았다. 간이 과세는 전년 기준 매출 1억 400만 원 미만이면 신청할 수 있다(2024년 7월부터 적용). 세금이 거의 없으므로 사업을 처음 시작하는 분들에게 꼭 필요한 과세 형태이다.

구매 대행은 매출에 대한 부가세가 아니라 순수익에 대해 부가세 1%를 납부한다. 나 역시 초반에는 거의 세금을 내지 않았다. 어느 정도 매출이 잡힌 후 부가세와 종합 소득세를 내라면서 갑자기 몇천만 원의 세금을 내라는 통지를 받았다. 사업이 커지면 간이 과세자는 자동으로 일반 과세자가 된다. 필요시 변경할 수 있으며, 홈택스에서 간이 과세 포기 신고서를 작성해서 제출한다.

필요 서류 등록

서류 작업은 수고롭지만, 사업을 시작하는 입장에서 꼭 필요한 작업이고 하다 보면 어렵지 않으니 잘 살펴보고 준비하자. 사업장을 임차한 경우에는 '임대차 계약서' 사본을 첨부하고, 공동 사업자인 경우는 '동업 계약서'를 첨부한다.

쿠팡 판매자 등록

사업자 등록을 마쳤다면 쿠팡에 판매자를 등록한다. 절차는 다음과 같다.

쿠팡 마켓플레이스(wing)에 접속해 오른쪽 상단 '판매자 가입하기'를 클릭한다. 회원가입과 똑같이 필요한 정보를 입력하고 약관에 동의하면 가입 완료이다.

사업자를 인증하기 위해 로그인 후 wing 홈에서 '사업자 인증하기'를 클릭한다.

'사업자 정보 입력' 화면이 나오면, '통신 판매업 신고번호'를 제외한 기본 정보를 입력하고 임시 저장한다. wing 첫 화면으로 돌아가면 '사업자 인증하기'가 '서류 제출하기'로 바뀌어 있을 것이다. 접속하여 '구매안전서비스 이용 확인증 다운로드'를 클릭한다.

구매안전서비스 이용 확인증

발행번호 : 제   호

1. 상호 : ·
2. 소재지 :
3. 대표자의 성명 :
4. 사업자등록번호 :

위의 사업자가 「전자상거래 등에서의 소비자보호에 관한 법률」 제13조제2항제10호에 따른 결제대금예치 서비스 이용계약을 체결하였음을 다음과 같이 증명합니다.

1. 서비스 제공자 : 쿠팡 주식회사
2. 서비스 이용기간 :   ~ 판매자격 정지시까지
3. 서비스 제공조건 : 당사의 구매안전서비스는 당사가 운영하는 아이템 마켓 (www.coupang.com)을 통하여 이루어진 전자상거래에 한하여 제공되며, 판매자가 이용약관에 근거하여 탈퇴하거나 이용정지의 제재를 받은 경우에는 더 이상 제공되지 않습니다.
4. 서비스 등록번호 :
5. 서비스 이용 확인 연락처 : 1577-7011

〈주의사항〉

1. 본 확인증은 당사가 운영하는 아이템 마켓(www.coupang.com)에서 통신판매업자가 통신판매업을 영위하기 위하여 「전자상거래 등에서의 소비자보호에 관한 법률」 제12조제1항에 따라 통신판매업 신고를 하는 경우에 제출하여야 하는 결제대금예치서비스 이용계약 체결에 대한 증빙서류로 사용하도록 발급되는 것입니다.
2. 본 확인증은 위 1.항과 다른 용도로 또는 위 서비스 제공조건과 달리 사용하는 경우에는 관련 법령에 따라 처벌받을 수 있습니다.
3. 본 확인증은 발행일에 한하여 유효하며, 당사의 인감이 날인되지 않은 확인증은 무효입니다.

쿠팡 주식회사

2단계까지 완료했다. 다음은 통신 판매업 신고 절차이다.

통신 판매업 신고

통신 판매업 신고

온라인 판매자는 반드시 통신 판매업 신고를 해야 한다. 전자 상거래 및 통신 판매업 법률에 포함된 내용으로 이를 준수하지 않으면 법적인 제재를 받을 수도 있다. 합법적인 셀러가 되기 위한 발판이다. 통신 판매업 신고를 하기 위한 준비물은 '사업자 등록증'과 '구매안전서비스 이용 확인증'이다. 절차는 다음과 같다.

먼저 정부24 홈페이지에 접속한다. 검색창에 '통신 판매업 신고'를 입력하고 '통신 판매업 신고-시군구'를 선택한다. '발급하기'를 누르고 공란을 빠짐 없이 채운다. 정보를 입력할 때 '판매방식'은 '인터넷', '취급품목'은 '종합몰'에 체크한다. 미리 준비한 구비서류에 '구매안전서비스 이용 확인증'을 업로드하고, 수령 방법을 선택해 '신청하기'를 누르면 신고 완료이다. 지역에 따라 다르지만 3~5일 정도면 수령할 수 있다.

서류 발급이라는 게 처음이 어렵지, 하다 보면 별것 아니다. 나 역시 "이걸 정말 다 해낼 수 있을까?" 하는 두려움과 동시에 "한 번만 해 보면 다음부터는 쉬워질 거야."라는 희망이 반반 정도 있었다. 사업을 할 사람이 서류 발급에서 포기할 수는 없다. 나 역시 컴퓨터를 다룰 줄 몰라 돌아다니는 정보를 어떻게든 수집해서 사업자 등록증을 발급하고 각종 신고 처리를 완료했다. 아까운 시간을 버리기도 하고, 인터넷에서 마구잡이로 얻은 정보들 때문에 혼란스럽기도 했지만, 차근차근 해내며 소중한 경험을 쌓아왔다. 사업자 등록증을 발급 받으러 무작정 동사무소로 달려갔던 아줌마도 이렇게 사업을 이어가고 있으니, 누구나 할 수 있다.

통신 판매업 신고, 각종 마켓 가입 절차도 마찬가지로 복잡하고 어렵지만, 산을 넘어가면서 자신감을 얻고 다음에는 더 쉽게 할 수 있으리라 믿는다. 막무가내로 뛰어든 일이지만 모든 경험이 중요한 자산이 되었고 앞으로의 사업에서도 큰 발판이 될 것이다. 가장 기본적인 서류 문제로 헤매지 않도록 안내하는 길을 착실히 따르자.

홈택스 신용카드 등록

사업자가 사용한 신용카드 내역이 자동으로 홈택스에 연동되면, 부가가치세 신고나 종합소득세 신고 시 해당 내역을 일일이 입력할 필요 없이 자동으로 불러와 쉽게 신고할 수 있다. 사업 관련 경비를 정확히 분류함으로써 세무 처리가 투명해진다.

사업자 신용카드를 등록하기 위해 홈택스 사이트에 접속한다. 상단에서 '전자(세금)계산서 현금영수증·신용카드' -> '사업용 신용카드 등록 및 조회'에 접속하면 등록 가능하다.

'사업용 신용카드번호'에 사업용으로 사용할 카드 번호를 입력하고 '등록 접수하기'를 선택하면 완료이다.

현금영수증 가맹점 등록

현금영수증 가맹점 등록도 동일하게 '전자(세금)계산서 현금영수증·신용카드'를 선택한다. '현금영수증(가맹점)' -> '발급' -> '현금영수증 발급 사업자 신청 및 수정'에 들어가면 사업자 정보가 알아서 연동되기 때문에 따로 입력할 필요가 없다.

하단에 '가맹점 현금영수증 담당자 정보' 입력 후 '신청하기'를 선택하면 완료된다.

깊은 바다인 줄 알았는데 발목까
지 오는 연못이었다.
발을 담그지 않았다면 몰랐을
것이다.

다들 '월 천만 원을 번다.'라고 하기에 쉽게 돈을 벌
거라고 낙관했지만 현실은 그렇지 않았다. 판매를 등
록한 첫 달에는 주문이 한 건도 없었다. 매일 모니터
를 보면서 주문이 들어오기를 기도했지만, 결과는 참
담했다.

CHAPTER2

쿠팡
입점의
첫걸음

다들 '월 천만 원을 번다.'라고 하기에 쉽게 돈을 벌 거라고 낙관했지만 현실은 그렇지 않았다. 판매를 등록한 첫 달에는 주문이 한 건도 없었다. 매일 모니터를 보면서 주문이 들어오기를 기도했지만, 결과는 참담했다. 철저한 무관심 속에서 물건이 팔리지 않는 이유를 열심히 분석하다 치명적인 실수를 발견했다. 재고 수량을 '0'으로 설정해 모든 상품이 품절 상태로 찍혀 있던 것이다.

이런 작은 실수 하나도 매출에 치명적인 영향을 미친다. 상품 등록과 재고 관리, 주문 처리 등 모든 과정이 처음이었고 그래서 실수도 잦았다. 실수에는 책임과 배움이 따르지만 모든 일이 결국 과정이라는 사실을 기억해야 한다. 무엇보다 문제를 발견했고 극복할 수 있다는 믿음이 있어야 건강한 마음으로 일을 지속할 수 있다.

쿠팡을 시작해야 하는 이유

쿠팡은 '판매자 로켓'이라는 시스템을 활용할 수 있다. 개별 판매자가 상품에 '판매자 로켓' 배지를 달고 쿠팡 풀필먼트 서비스(CFS)의 물류 인프라를 이용하는 방식이다. 쿠팡 풀필먼트는 간편한 결제 시스템을 제공하고 배지를 달아 고객 신뢰도를 높인다. 결과적으로 노출이 잘 되고 매출이 상승한다. 빠르고 안정화된 배송 시스템으로 파업이나 공휴일 상관없이 다음날 물건을 받아볼 수 있다. 1인 판매자나 워킹맘, 전업주부, 투잡 직장인에게 최적화된 시스템이다. 택배 포장과 배송, CS(Customer Service), 제품 보관 장소도 자유롭다. 재고를 판매자가 책임지기 때문에 가격과 상세 페이지, 재고 등을 쉽게 통제할 수 있다. 무엇보다 트래픽도 어마어마하다. 쿠팡 앱의 월간 이용자 수는 2천만 명을 넘는다고 한다.

쿠팡 채널 3가지

쿠팡에는 판매자 로켓, 로켓배송, 마켓플레이스(윙)이라는 3가지 배송 시스템이 있다. 각각 장단점과 특성들을 살펴보자.

	로켓 배송	판매자 로켓 구)로켓그로스	마켓 플레이스 윙
수수료	계약 상품별 상이 (20~45%)	가격대별 수수료 (5~12%)	카테고리별 (5~12%)
배송	쿠팡	쿠팡	일반택배 (판매자 부담)
반품처리/교환	쿠팡	쿠팡	판매자
가격 수정	BM과 협의 수정	판매자	판매자가 윙
할인쿠폰	BM과 협의 수정	판매자	판매자가 윙
재고관리	쿠팡	판매자	판매자
CS	쿠팡	쿠팡	판매자
노출도	로켓	판매자 로켓	윙
기타	BM과 협의	네이버쇼핑 가격 노출	네이버 쇼핑 가격 노출

주의할 점

1. 마켓플레이스는 판매자 로켓과 동일한 상품을 동시에 판매할 수 있다.
2. 로켓배송은 판매자 로켓과 동일한 상품을 동시에 판매할 수 없다.
3. 로켓배송 가능 지역이라도 군부대나 고속도로 휴게소 등 출입이 불가하여 배송이 원활하지 않은 경우, 쿠팡 측에서 유선 안내 후 퀵 서비스나 우체국 택배로 배송하고, 반품/교환 시 우체국 택배를 이용한다(로켓배송과 동일하다).

세 채널의 매출 차이

채널을 다양하게 활용할 수 있다는 점은 알지만, 선택한 상품과 타깃에 따라 어떤 채널을 선택해야 하는지 혼란스러울 수 있다. 다음 내용을 참고하자.

1. 마켓플레이스

   마켓플레이스는 위탁 판매로, 판매자가 재고를 직접 관리하지 않고 도매처에 상품을 두는 방식이다. 주문이 들어오면 고객 정보를 도매처에 넘겨 배송을 처리한다. 이 방식은 마진이 작고, 재고 관리가 어려워 큰돈을 벌기는 어렵지만, 판매 경험을 쌓기에 좋다. 위탁 판매를 어느 정도 경험하면 제조사에 직접 연락해 가격을 협상하거나 원하는 조건을 제시해 볼 수 있다. 부피가 크거나 사입하기 어려운 상품, 식품 위주로 판매하면 좋다.

2. 판매자 로켓(구 로켓그로스)

판매자 로켓은 쿠팡의 물류 시스템을 활용하지만, 판매자가 상품의 재고와 가격을 관리하는 방식이다. 판매자는 상품을 쿠팡의 물류 센터에 입고하고, 쿠팡은 주문이 들어오면 배송과 고객 응대를 담당한다. 그러나 상품의 가격 결정권과 재고 관리는 판매자가 담당하며, 쿠팡은 판매된 상품에 대해 수수료와 풀필먼트 요금을 받는다.

따라서 패션 잡화나 생필품, 시즌 제품(계절성)을 판매하기 좋다. 쿠팡의 물류 인프라를 활용하여 빠르고 효율적인 배송이 가능하고, 판매자가 가격 설정과 상품 상세 변경 등의 주도권을 가지기 때문이다. 그러나 입출고비와 보관비 등의 비용이 발생할 수 있으므로 이를 고려하여 판매 전략을 정할 필요가 있다.

3. 로켓배송

로켓배송은 쿠팡이 직접 상품을 매입하여 자사 물류 창고에 보관하고, 주문이 들어오면 직접 배송하는 방식이다. 쿠팡에서 상품의 재고와 배송, 고객 응대를 모두 담당하기 때문에 상품을 넘긴 후에는 신경 쓸 필요가 없다. 그러나 쿠팡이 최저가로 상품을 판매하기 때문에 높은 수수료나 단가 책정에 있어 판매자에게 제한이 있을 수 있다.

판매자 로켓을 로켓배송보다 추천하는 이유

1. 비용 절감

   로켓배송은 쿠팡의 물류 센터를 이용해야 하므로, 창고 비용과 물류비용이 추가로 발생한다. 반면, 판매자 로켓은 판매자가 직접 재고를 관리하고 배송을 처리하기 때문에 이러한 추가 비용을 절감할 수 있다. 비용 절감은 특히 초기 자금이 한정된 중소 판매자에게 큰 도움이 된다.

2. 유연한 재고 관리

   판매자 로켓은 판매자가 직접 재고를 관리할 수 있어, 제품의 입출고와 재고 상황을 실시간으로 파악하고 조절할 수 있다. 쿠팡 물류 센터에 제품을 맡기기 때문에 재고 관리에 제약이 있다. 따라서 시장 변화에 신속히 대응하기 어려울 수 있다.

3. 세부 정보 수정

   판매자 로켓은 판매자가 직접 상세 페이지, 섬네일, 가격 등을 자유롭게 수정할 수 있다. 시장 상황이나 소비자 반응에 따라 기민하게 대응 가능하다는 장점이 있다. 로켓배송의 경우 자율권이 제한되어 유동적인 마케팅 전략 실행이 어려울 수 있다.

로켓그로스 입점 절차

판매자 로켓, 즉 로켓그로스에 입점하는 절차는 어렵지 않다. 윙(wing) 사이트에서 '로켓그로스' -> '로켓그로스 시작하기'를 선택한다. 쿠팡 판매자로 입점 후 초기 설정하는 과정은 여러 단계로 나뉘며 단계마다 필요한 사항들을 준비해야 한다. 아래는 쿠팡 판매자로서 알아두어야 할 주요 단계와 요구 사항들이다.

1. 판매자 회원가입
   아이디, 비밀번호, 이름, 이메일, 핸드폰 번호, 비즈니스 형태를 입력한 후 판매할 상품의 대표 카테고리를 선택한다.

2. 사업자 인증
   로그인 후 메인 화면에서 사업자 등록 번호, 대표자명, 상호, 주소 (통신 판매업 신고증에 기재된 주소), 통신 판매업 신고 번호를 입력한다.

3. 입점 신청 및 준비 서류 제출
   사업자 등록증, 통신 판매업 신고증, 통장 사본 등 필요한 서류를 제출한다.

4. 상품 등록 및 설정
   상품명, 카테고리 선택, 옵션, 판매가, 재고 수량 등의 정보를 입력하고 대표 이미지와 상세 페이지를 등록한다.

5. 출고지 및 반품/교환지 설정
   상품 출고지와 반품/교환 처리 장소를 설정한다.

6. 정산 설정

　주 정산이나 월 정산 등 정산 방식을 선택하고 정산용 계좌 정보를 입력한다.

　판매를 시작하기 전에 판매할 제품 카테고리별로 적용되는 판매 수수료율을 확인하는 것도 중요하다. 카테고리별로 5~11%의 수수료가 부과되며, 자세한 수수료율은 입점 신청 시 확인할 수 있다.

관련 질문들

소량의 상품도 판매자 로켓으로 판매할 수 있나요?

　승인 후 판매자가 모든 재고 및 관리를 담당하기 때문에 소량 입고도 가능합니다.

해외 구매 대행 운영하던 사업자도 가능한가요?

　가능하지만 세금 문제나 계정 정지 위험 등이 있습니다. 해외 배송 사업자면 배송 기간이 길어질수록 판매자 점수에 영향이 있으니 참고하길 바랍니다. 노출에도 영향을 끼치는 문제이니 사업자를 분리하는 것을 추천합니다.

식품도 가능한가요?

　실온 보관 식품은 가능합니다. 판매하고자 하는 제품을 쿠팡에 검색해보는 것도 방법입니다.

최적의 사업 방식

아이가 학교에서 병아리 부화기로 병아리의 탄생 과정을 관찰하고 기록하는 프로젝트를 진행했다. 그 소식을 듣고 아이디어를 한 단계 더 발전시키고 싶었다. 왜 한두 마리만 부화시키는 것에 그쳐야 하나? 알아보니 한 번에 100마리를 부화시킬 수 있는 대형 부화기가 있어 판매를 결심했다. 시골 마을에서 첫 주문이 들어와 무척 기뻤지만 이 기쁨도 잠시, 단순 변심으로 주문이 취소되고 말았다. 해당 제품은 2년째 배송대행지에 머무르며 새로운 주인을 기다리고 있다.

언제쯤 이 거대한 부화기가 새 생명을 품게 될까. 부화기를 처음 구매했을 때의 설렘과 기대를 생각하면 아직도 가슴이 뛴다. 사업이란 게 그렇다. 때로는 예상치 못한 일로 계획이 틀어질 때도 있지만, 그럼에도 불구하고 계속 전진해야 한다. 언젠가 이 부화기가 필요한 고객에게 발견될 것이라 믿어 의심치 않는다. 그날이 오기를 여전히 손꼽아 기다리고 있다.

만약 부화기를 재고로 가져오기 전에 시장 상황을 살펴봤다면 어땠을까? 데이터가 뒷받침되지 않은 아이디어는 판매까지 많은 시간과 비용을 요구할 수 있다. 직감을 따라야 할 때도 있지만 가끔은 이렇게 부작용이 생긴다. 판매자의 부담을 최소화할 방법을 참고하자.

1. 위탁 판매로 시작하기
   위탁 판매는 재고를 직접 보유하지 않고, 고객의 주문이 들어오면 도매처에서 제품을 구매해 배송하는 방식이다. 이 방법은 초기 자본이 거의 들지 않아서 부담이 적다. 초반에는 위탁으로 판매 경험을 쌓는 걸 추천한다.

2. 소량 사입

위탁 판매로 어느 정도 경험을 쌓고 매출이 안정되면, 소량 사입으로 전환한다. 소량 사입은 조금씩 제품을 구매하여 직접 재고를 관리하는 방식이다. 이를 통해 단가를 낮출 수 있으며, 빠른 배송이 가능하다.

3. 대량 사입

소량 사입으로 안정적인 매출을 확보한 후, 대량 사입으로 확대한다. 대량 사입은 한 번에 많은 양의 제품을 구매하여 더 낮은 단가로 판매할 수 있는 방식이다. 체계적으로 재고를 관리하고, 판매 데이터를 분석하여 재고를 최적화한다. 마케팅 활동을 강화하여 더 많은 고객을 유치하고, 매출을 늘릴 수 있다.

요약

위탁 판매	재고 부담 없이 시작, 초기 자본 적음.
소량 사입	소량으로 구매하여 재고 확보, 빠른 배송 가능.
대량 사입	대량으로 구매하여 단가 절감, 마진 극대화.

인생은 결과가 아닌 과정의 연
속이고 한 번의 실수는 한 번의
실수일 뿐이다

어느 정도 판매에 자신이 있다고 여길 때쯤, 중국의 이우 시장을 방문했다. 이우 시장은 세계 최대 규모의 도매 시장으로, 다양한 상품을 접할 수 있다는 게 큰 메리트였다. 열심히 상품을 물색하던 중 새로운 디자인의 파우치를 발견했다.

CHAPTER 3

상품 소싱의 미학

어느 정도 판매에 자신이 있다고 여길 때쯤, 중국의 이우 시장을 방문했다. 이우 시장은 세계 최대 규모의 도매 시장으로, 다양한 상품을 접할 수 있다는 게 큰 메리트였다. 열심히 상품을 물색하던 중 새로운 디자인의 파우치를 발견했다. 디자인이 세련될 뿐만 아니라 가격이 저렴해 잘 팔릴 거라고 확신했다. 충동적으로 파우치를 2천 개나 주문했다. 어차피 사업에도 속도가 붙었고 판매 실력에 자신도 있었기 때문이다.

현실은 어땠을까. 판매자가 단지 예쁘다는 이유로 대량 사입을 해서는 안 되었다. 수요도 파악하지 않고, 경쟁사 제품도 분석하지 않았다. 시장 조사가 얼마나 중요한지 온몸으로 체감하는 기회가 되었다. 안전성을 가져가고 싶다면 처음에는 소량으로 사입했다가 이후에 판매량을 확인하고 늘리는 것이 좋다.

고객의 수요를 알면 소싱이 쉬워진다. 철저한 시장 조사로 상품을 선택하고 이미 선택했다면 최선을 다해 판매한다. 그리고 재고 관리에 집중하는 것이다.

효과적인 상품 소싱 전략

수요 조사를 해야 하는 이유

수요 조사의 목적은 매출을 올리는 것이다. 트렌드를 파악해야 팔릴 가능성이 높은 상품을 가져올 수 있기 때문이다. 위 에피소드처럼 성급하게 매입했다가 재고로 남는 리스크를 방지한다. 시장에 대한 이해도를 높이고 유리한 위치를 선점해야 한다. 잘 팔릴 상품에 투자하는 일은 초기 비용을 절약하는 것이다. 너무 쟁쟁한 경쟁사와 붙지 않는 게 좋겠지만, 만약 경쟁해야 한다면 해당 업체가 어떤 전략을 사용하고 있는지 확인할 필요도 있다. 결국 수요 조사를 통해 고객 만족도를 높이고 재구매를 유도하는 것이다.

키워드 검색

수요 조사를 하는 가장 효과적인 방법은 키워드 검색이다. 키워드 검색으로 소비자들이 당장 무엇을 원하는지, 실시간 트렌드를 파악할 수 있으며 정확한 타겟팅으로 고객에게 접근할 수 있다. 소비자의 행동 패턴을 분석해 미래의 수요를 예측할 수도 있다. 키워드는 정보성 키워드와 쇼핑성 키워드로 나뉜다.

① 고객이 구매를 결심한 이유는 무엇인가?
=키워드

② 고객이 어떤 물건을 구매할 의향이 있는가?
=키워드

③ 마케팅 은 어떻게 해야하나 ?
=키워드

④ 경쟁자 분석은 어떻게 하는 것인가?
=키워드

방법은 어렵지 않다. 만약 고구마를 판매하고 싶다면 검색창에 '고구마'를 검색하는 것이다. 네이버에 '고구마'를 검색하면 판매 중인 상품과 함께 블로그나 지식인 등 다양한 정보가 노출된다.

쿠팡에 고구마를 검색하면 어떻게 될까. 쿠팡은 쇼핑을 목적으로 하는 고객이 모인 플랫폼이기 때문에 바로 구매로 이어진다. 단순히 검색하는 것을 넘어 원본 데이터 수치를 보는 방법도 있다. '네이버 데이터랩'에서 제공하는 '쇼핑 인사이트'이다.

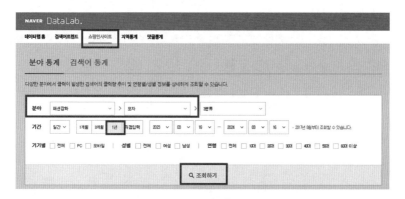

분야는 2 분류까지 검색하고 기간을 1년으로 선택해 원하는 키워드를 조회한다. 예를 들어 모자에 관심이 있다고 해 보자. 검색 한 번으로 아래와 같은 클릭량 추이를 확인할 수 있다.

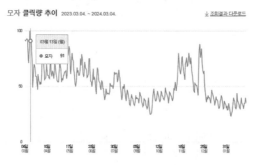

인기 검색어 TOP 50을 보면, 1쪽에서는 관련 대형 키워드만 볼 수 있지만 3쪽 정도 가면 세부 키워드까지 볼 수 있다. 500건을 다 확인하면 좋겠지만 보통 3~4페이지 이내(150~200건)에서 키워드를 찾는다. 초보 셀러는 메인 키워드보다 잘 되는 시장에서 '세부 키워드'로 타깃을 잡으면 좋다.

해당 시장 파악

키워드를 구체화했다면 해당 시장을 파악할 필요가 있다. '생수'와 같이 1년 내내 소비하는 키워드와 비교한다. '네이버 데이터랩'의 '검색어 트렌드'를 확인한다.

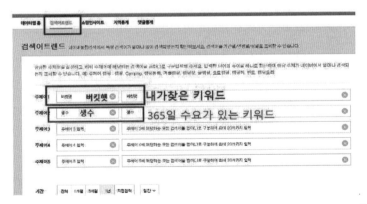

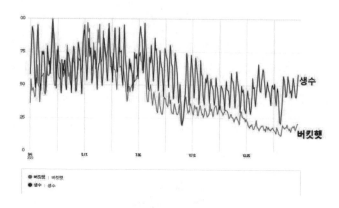

  그래프를 보니 1년 내내 수요가 있는 생수와 '버킷햇'이 비슷한 추이를 보이는 걸 알 수 있다. 그만큼 수요가 많다고 생각할 수 있다. 이제 버킷햇을 판매할 수 있을지 직접 쿠팡에 확인한다. 찾은 키워드를 쿠팡에 검색하고 몇 가지 사항을 확인한다.

1. 리뷰 세 자릿수 판매자가 얼마나 있는지 확인한다. 리뷰가 없으면 수요가 없다고 판단하기 때문이다. 단, 카테고리별로 시즌성이 있는 제품은 구조적으로 리뷰가 많을 수 없다. 트렌드가 계속 바뀌기 때문이다. 대신 최신성 점수는 높다.
2. 첫 페이지 로켓배송 비율이 8~90% 이상이면 패스한다. 초보에게는 그만한 경쟁력이 부족하다.
3. 초반 10개 내외 판매가 평균을 구하고 마진을 가져갈 수 있으면 판매 시작한다.

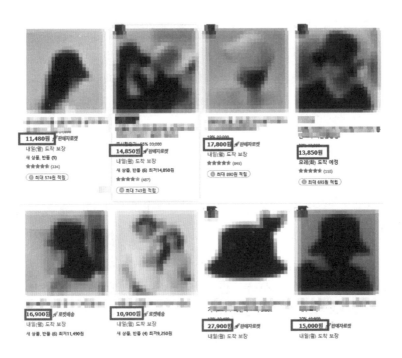

검색할 때는 시크릿 모드를 사용하는 게 좋다. 시크릿 모드란 웹 브라우저에서 사용자가 방문한 웹사이트, 검색 기록, 쿠키, 캐시 등의 데이터를 저장하지 않는 기능이다. 로그인 정보나 관련된 특정 프로모션, 광고가 나타나지 않기 때문에 순수한 검색 결과를 확인할 수 있다.

위 8건의 가격을 모두 더해서 8로 나누면 시장 평균가를 알 수 있다. 대략 이 금액에서 크게 벗어나지 않는 선으로 소싱할 수 있다면 판매해도 좋다. 쿠팡 셀러는 브랜딩으로 판매하지 않으므로 생활용품에서 높은 가격대는 경쟁력이 떨어진다. 실제로 구매가 가장 활발하게 일어나는 가격대는 1만 원대 제품이다.

4. 중국에도 물건이 있지만 한국 도매 몰에도 있는지 반드시 확인한 다. 판매자 로켓은 재고 관리가 무척 중요하기 때문에 급하면 국내 에서 구매해서 입고해야 한다.

신상마켓

신상마켓은 남대문, 동대문, 부산 등 주요 도매시장의 제품을 온라인으로 비교할 수 있는 플랫폼이다. 대부분의 상품이 중국산이기 때문에 샘플을 받아보기 좋다. 판매량이 좋고, 도매처 사장님과 친분이 쌓이면 신제품이나 샘플 제품을 수시로 받아볼 수 있다는 장점도 있다. 참고로 중국에서 샘플을 받으려면 최소 2주는 기다려야 한다. 따라서 중국과 단가 차이가 크지 않다면 신상마켓에서 소싱하는 것도 매우 좋은 방법이다.

신상마켓은 오프라인을 운영하는 도매업자들이 주로 사용하며, 다음과 같은 특징이 있다.

1. 직접 픽업이 가능하다. 급하게 받아야 하는 물건은 신상마켓에서 확인한 매장으로 가서 픽업할 수 있다. 시간 절약과 신속한 재고 확보에 유리하다.

2. 주로 오프라인 도매업자 위주로 가입을 승인해 준다. 온라인 셀러는 승인을 받기 까다롭다는 단점이 있다. 가입 승인을 받고 싶다면 쿠팡이나 스마트 스토어를 활용하자. 해당 플랫폼에 의류나 잡화를 업로드한 후 사진 자료로 제출하면 승인될 가능성이 높다. 또 하나의 방법은 장끼(영수증)를 제출하는 것이다. 매장에 직접 가서

구매하고 장끼를 받아 제출하면 유리하다.

이럴 때는 소싱하지 말자

본인이 소싱한 제품과 완전히 똑같은 제품이 다음 상황에 있을 때는 소싱을 피하자.

1. 로켓배송 판매자가 3명 이상일 경우
2. 로켓배송 리뷰가 1만 개 이상일 경우
3. 1페이지에 3~4명의 판매자가 판매하는 경우
4. 1페이지에 리뷰 1,000개 이상 판매자가 5명이 넘는 경우

개인적인 선택이지만 초보가 완전히 같은 상품으로 이런 시장의 카테고리에서 우위를 점하기는 어렵다.

국내 판매 채널

국내의 각종 판매 채널들을 활용해 소비자가 무엇을 원하는지, 트렌드가 무엇인지 확인할 수 있다. 요즘 세대가 많이 사용하는 플랫폼과 그 특징은 다음과 같다.

지그재그(Zigzag)

지그재그는 다양한 온라인 쇼핑몰을 하나의 앱에서 쉽게 비교하고 구

매할 수 있도록 도와주는 패션 쇼핑 플랫폼이다. 10~20대 여성을 주요 타깃으로 하고 있으며, 최신 패션 트렌드에 맞춘 제품을 제공한다. 지그재그를 통해 많은 쇼핑몰의 상품을 한눈에 볼 수 있어 편리하게 쇼핑할 수 있다.

무신사(Musinsa)

무신사는 남성 패션을 중심으로 시작했지만 현재는 여성 패션, 신발, 액세서리 등 다양한 카테고리로 확장한 온라인 쇼핑몰이다. 스트릿 패션과 스포츠 웨어를 좋아하는 젊은 층에 인기가 많으며, 브랜드와의 협업을 통해 독점 상품을 제공하기도 한다. 다양한 패션 브랜드를 한 곳에서 비교하고 구매할 수 있다는 장점이 있다.

에이블리(Ably)

에이블리는 패션 의류 및 액세서리를 전문 판매하는 플랫폼으로, 최신 트렌드를 반영해 다양한 스타일의 제품을 제공한다. 특히 인플루언서 마케팅과 SNS를 적극 활용하여 고객과의 소통을 강화하고 있다. 사용자 연령이 지그재그보다 어린 편이다.

오늘의 집(Today's House)

오늘의 집은 가구, 인테리어 소품, 생활용품 등을 전문적으로 판매하는 쇼핑몰이다. 인테리어에 관심 있는 고객을 타깃으로 한다. 오늘의 집은 사용자들이 직접 올린 인테리어 사진과 후기를 통해 제품 선택에 도움을 주고 있으며, 이를 통해 신뢰도 높은 쇼핑 경험을 제공한다.

특정 카테고리 제품을 전문적으로 판매하는 쇼핑몰을 활용하면, 해당 카테고리에 관심이 많은 타깃 고객층에게 더 효과적으로 다가갈 수 있다. 각 플랫폼의 특성과 주 고객층을 잘 이해하고 활용하면 판매 전략을 최적화하는 데 큰 도움이 된다.

소싱법 정리

300kg의 파라솔을 판매할지 고민하던 때, 보관 문제와 무게 때문에 많은 어려움이 예상되었다. 그래도 한번 팔아보자 싶어, 원가가 19만 원인 해당 제품을 백만 원 이상의 금액으로 판매하고 있었다. 어느 날 한 고객으로부터 5건의 주문이 동시에 들어왔다. 연락을 통해 해당 고객이 전원주택 판매업자라는 사실을 알게 되었다. 그녀는 주택을 팔 때마다 마당에 설치할 파라솔을 선물로 제공하고 있었다. 내 제품이 시장에 있는 다른 제품보다 가격이 더 높았음에도 불구하고, "비싼 게 좋은 거 아니에요?"라고 말하며 비싼 제품을 선호하는 이유를 밝혔다.

이 경험을 통해, 저렴한 가격만이 판매의 결정적 요인이 아니라는 중요한 교훈을 얻었다. 특히 고가의 제품 시장에서는 품질이나 가치에 대한 인식이 가격을 통해 형성되곤 한다. 이 사실을 깨달아 원가 산정이 어려운 고가의 상품을 판매하는 전략을 잡았다. 이러한 전략 변경은 비즈니스 모델을 크게 변화시켰고, 가격이 고객의 구매 결정에 미치는 심리적 영향을 이해하며 더 유리한 시장에서 경쟁할 기회를 잡을 수 있었다.

권동동 실제 소싱법

1. 잘 팔리는 아이템을 찾는다. 인기 키워드 TOP 500을 포함한 키워드 분석을 통해 상품을 선정한다. 로켓배송 상품 중 후기가 많은 비슷한 카테고리의 상품군은 선정할 가치가 충분히 있다.

2. 꾸준히 잘 팔리는 아이템을 노린다. 생활잡화, 주방용품 등 시즌을 타지 않고 꾸준히 수요가 있는 제품군을 알아두면 좋다.

3. 트래픽이 좋은 계절성 상품이 있다. 새 학기, 밸런타인데이, 화이트데이, 5월 가정의 달, 여름휴가, 핼러윈, 명절, 크리스마스, SNS 등에서 핫한 제품을 가져온다.

4. 맘카페를 공략한다. '맘스홀릭', '맘이베베' 등 지역 맘카페 '핫딜'을 이용한 소싱. 제품 리스트를 보면 엄마들의 니즈와 원하는 가격 등을 파악할 수 있다.

5. '셀러오션' 카페에 "OO도매"라고 검색하면 다양한 도매 몰이 나온다. 관심 있는 카테고리는 이렇게 찾는 것도 좋은 방법이다.

6. 실제로 필자도 남대문, 동대문, 중국 이우 시장 등 현장 소싱을 자주 간다. 화면으로 보는 색감과 실제 색감이 다른 경우가 많고 재질이나 마감 등 눈으로 봐야 할 것들이 있기 때문이다. 신상을 온라인보다 먼저 볼 수 있고 신상마켓, 남도마켓, 도매 사이트에 없는 제품을 볼 수 있어 소싱에 훨씬 도움이 된다.

온라인 판매를 하더라도 오프라인 시장에서 제대로 소싱할 줄 알아야한다. 도매와 소매상점을 명확히 파악하는 것이 첫 번째 단계이다. 도매상

점은 주로 신상품 위주로 제품이 전시되어 있는 반면, 소매 상점은 요즘 유행하는 제품들로 채워져 있다. 특히, 공장을 직접 운영하고 오프라인 매장을 병행하는 도매상을 추천한다. 이러한 도매상은 제품의 품질과 가격을 더욱 효율적으로 관리할 수 있기 때문이다.

시장에서 매장 앞에 출고 준비 중인 비닐봉지나 박스가 많은 곳은 소싱하기 좋은 거래처일 가능성이 크다. 거래가 활발히 이루어진다는 증거이기 때문이다. 오프라인 소싱은 상당한 체력이 필요하다. 걷기를 싫어하는 사람이라면 걷는 연습을 해야 한다. 많이 걸을수록 좋은 도매처를 발굴할 수 있고, 발굴한 업체가 로드맵이 되어 경쟁력을 확보할 수 있다.

사장으로서의 첫인상도 중요하다. 일반 소비자로 보이지 않되, 너무 티내지 않도록 균형을 찾는다. 가능한 한 편한 복장으로 몇 가지 기본 용어를 알고 가면 상인과의 대화가 원활해진다. 영수증을 뜻하는 '장끼'나 사입을 대행하는 사람인 '사입 삼촌' 등의 용어를 알고 가는 것이 좋다. 관심 있는 제품이 있다면 몇 개부터 거래가 가능한지, 색상 종류, 단가 등을 명확하게 묻고 소싱을 시작한다. 초보 셀러가 가장 어려워하는 부분이 시장 상인을 대하는 것인데, 상인들도 분주하게 일하는 판매자일 뿐이다. 필요한 부분만 정리해서 간결하게 대화하면 문제없다.

활용하면 좋은 팁

1. 쿠팡에서 시장과 수요도를 파악할 때 리뷰 1개당 15개가 판매되었다고 추측하면 된다. 리뷰 내용은 추천순이 아니라 최신순으로 확인하는 게 좋다. 다른 판매자와 같은 상품을 입고할 때는 해당 판매

자의 리뷰를 꼼꼼히 확인하고 가격이나 품질 면에서 경쟁 우위를 가지고 있어야 한다.

2. 적절한 상품을 소싱하는 것은 수익에 직접적인 영향을 미친다. 광고 투자 대비 최소 200%에서 최대 400%의 수익률을 달성할 수 있는 상품을 선택해야 한다. 다만 400%를 초과하는 수익률의 상품은 유리한 대신 경쟁도 치열하다.

3. 제품을 단순히 저렴하게 판매하는 것보다 가치 있어 보이게 만드는 게 중요하다. 소비자들은 생각보다 가격에 연연하지 않을 수 있다. 동일한 제품이라도 판매자마다 가격이 다르게 책정되어 있는데, 성공적인 판매 전략은 제품을 더 비싸 보이게 만드는 것이다. 이미지를 고급화하는 효과적인 방법 중 하나는 상세 페이지에 신경을 쓰는 것이다. 소비자는 온라인 구매에서 상세 페이지의 사진과 설명에 크게 의존하기 때문이다. 상세 페이지 구성에 따라 제품의 가치는 크게 달라질 수 있다.

쿠팡의 노출 로직

겨울 시즌이 되면서 아이들 기모 바지를 판매하고 있었는데, 예상보다 큰 반응을 얻기 시작했다. 겨울은 매년 춥지만, 그해는 한파주의보가 발효되면서 영하 15도까지 떨어졌기 때문이다. 뉴스에서도 연일 한파 소식을 전하며 따뜻한 옷을 찾기 시작했다. 결국 기모 바지가 하루 2~300개씩 판매되면서 예상을 훌쩍 뛰어넘는 수요가 발생했다. 주문이 폭주하자 재고가 빠르게 소진되었고, 급한 마음에 직접 공장으로 달려가 물건을 가져오기도 했다. 그 정도로 판매가 빠르게 이루어졌기 때문이다.

이 경험을 통해 쿠팡 같은 대형 플랫폼에서 시즌 제품이 얼마나 큰 매출을 만들어낼 수 있는지 실감할 수 있었다. 시즌마다 무조건 먹히는 상품을 선택하자. 특정 시기에 집중적으로 판매가 이루어지기 때문에 해당 시기에 맞춰 충분한 재고를 확보하고, 유연하게 대응할 수 있어야 한다.

쿠팡의 노출 로직

쿠팡과 타 오픈 마켓의 차이점 중 하나는 "관여도 시스템"이다. 고객의 검색 패턴을 바탕으로 선택할 만한 상품을 먼저 소개하는 방식을 말한다. 고객이 어떤 키워드로 언제 어디서 검색했는지에 따라 상품의 노출 순위가 달라질 수 있다. 상품의 순위가 고정되지 않고 변동성이 있어 판매자는 자신의 제품 순위를 정확히 파악하기 어렵다.

A 노트북으로 '양치컵'을 검색했을 때	B노트북으로 '양치컵'을 검색했을 때

위 사진은 각기 다른 노트북으로 쿠팡에 '양치컵'을 검색한 결과이다.

서로 다른 제품이 노출되거나, 같은 상품이 노출되더라도 순위가 다른 점을 알 수 있다. 반면, 스마트스토어나 타 마켓은 일정한 순위를 판매자가 명확히 알고 이에 따라 판매 전략을 세우기 용이하다. 쿠팡에서는 명확한 순위를 바탕으로 타겟팅을 하기 매우 어렵다. 그러나 다르게 말하면 초보 셀러에게도 노출의 기회가 있다는 뜻이다.

쿠팡의 노출에 관여도보다 더 많은 영향을 주는 요소는 구매자와 제품의 위치다. 로켓배송은 쿠팡이 직접 제조사로부터 제품을 매입하고 자체 물류 시스템을 통해 고객에게 무료로 배송하는 서비스이다. 그래서 주말이나 공휴일에도 익일 배송을 약속한다. 그러나 물류 센터 위치와 구매자의 위치에 따라 약속이 지켜지지 않을 수도 있다. 특정 지역만이 익일 배송 혜택을 받을 수 있는데, 이는 쿠팡 물류 센터 위치와 직접적인 연관이 있다.

예를 들어, 서울에서 주문했지만 해당 제품이 경상도에 위치한 물류 센터에만 있으면 로켓배송이 불가하다고 표시된다. 그렇기 때문에 쿠팡은 해당 고객이 로켓배송을 받을 수 있는 제품을 우선적으로 노출시키는 전략을 사용한다. 제품의 클릭 수와 판매량이 중요한 만큼, 고객 맞춤형 노출이라는 측면에서도 위치는 매우 중요한 요소이다. 이를 적절히 활용한다면 판매자는 쿠팡에 제품을 입고시킬 때 자기만의 전략을 수립할 수 있다.

1688과 올댓직구

1688 활용하기

1688은 알리바바 그룹이 운영하는 중국 최대의 도매 쇼핑몰이다. 주로 중국 내의 제조업체와 도매업체들이 상품을 판매하고, 전 세계 도매 구매자를 대상으로 한다. 의류나 전자제품, 가정용품 등 온갖 카테고리의 제품을 판매한다. 필요한 모든 제품을 한 곳에서 찾을 수 있어 편리할 뿐만 아니라, 도매가격으로 구매해 높은 이윤을 남길 수 있다. 중국 사입으로 원가를 최대한 낮추는 것이 좋다.

다음은 내가 같은 방식으로 판매하는 제품이다. 사입 전에 살펴봐야 할 사항은 다음과 같다.

1. 같은 제품이 국내 도매처에 있는지 살펴보고, 있다면 판매가를 확인한다. "도매꾹" 사이트에서 제품을 검색해 '국내 배송' 옵션으로

국내 도매처에서 제공하는 제품을 우선 확인한다. '낮은 가격순'으로 가장 저렴한 가격을 우선 검토한다. 여러 도매처를 비교해 가장 좋은 조건을 찾기 위함이다.

2. 중국 도매처에도 같은 제품이 있는지, 있다면 판매가를 확인한다. 같은 제품이지만 가격 차이가 천차만별이다.

아래와 같이 실제 비용에서 어떤 메리트가 있는지 비교해 보고 결정한다.

키워드	원가		쿠팡 카테고리 (드롭다운)	입출고 및 배송 카테고리 (드롭다운)	사이즈 (드롭다운)	판매가	그로스마진	마진율
	위안	원 (꼭 입력)						
조끼(도매꾹)	0.00	8,580	패션잡화 10.5%	여성의류	SMALL	21,900	7,310	33%
조끼(중국)	23.06	8,071	패션잡화 10.5%	여성의류	SMALL	21,900	7,772	35%

마진 계산을 해 보니 국내에서 받는 제품 가격과 1688로 사입할 때 얻는 마진이 거의 비슷하다. 이럴 때는 굳이 중국에서 사입할 필요가 없으

니, 배송이 빠른 국내 도매처가 유리하다. 물량이 많아지면 중국 판매자와 가격 협상이 가능하지만, 이 정도 금액 차이라면 국내에서 주문하는 게 빠르고 편리하다.

1688 중국 판매자와 소통하는 법

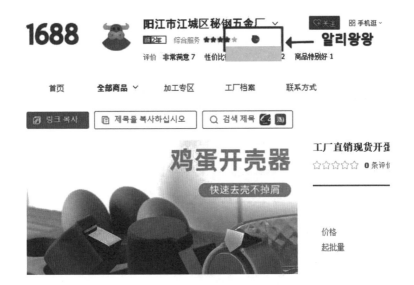

원하는 제품을 검색하면 상단에 파란색 물방울 모양이 있다. 클릭하면 판매자와 대화창이 열린다. 중국어를 모른다고 걱정하지 않아도 된다. 파파고 번역을 이용해서 간단한 소통이 가능하다.

올댓직구 활용

1688은 중국 도매 사이트라서 외국인은 결제가 안 된다. 주문을 대신

하고 배송을 받아줄 업체가 필요하다. 물건을 대신 구매하고 한국까지 배송을 도와주는 업체를 배송대행지라고 한다. 올댓직구도 그중 하나이다.

먼저 올댓직구(https://www.allthatworld.co.kr) 사이트에 접속해 가입한다. 상단 카테고리 '구매대행'을 선택하고 필요한 정보를 입력한다.

필요 사항을 모두 입력한 후 '구매견적'을 누르면 된다. 이후 진행 상황은 '마이페이지'에서 확인 가능하다.

실사 확인가능

실사 확인 후 제품에 하자가 없다면 포장을 요청한다. 통관이 시작되면 메일로 관련 내용을 보내준다. 수입 시 세관에 수입 면허를 요청하기 위한 서류인 수입 신고필증도 받아볼 수 있다. 자세한 비용은 정산서에서 확인 가능하다.

올댓직구 추천인 코드

올댓직구 회원가입 시 추천인 코드(Dongdong)를 넣으면 5가지 혜택이 있다.

1. 로열 등급 등업
2. 실사 무제한 무료
3. 상세 검수 무료
4. 파손 주의 스티커 무료 부착
5. 카드 결제 수수료 없음

소싱 시 주의 사항

온라인 판매를 시작한 지 얼마 되지 않았을 때, 아이가 스케이트보드를 갖고 싶다고 해서 큰 결심을 하고 오프라인 매장을 찾았다. 매장에서 본 스케이트보드는 10만 원대 초반이었다. "이 정도 가격이면 괜찮겠지." 싶어 집으로 돌아오는 길에 중국 온라인 쇼핑몰에도 검색해 보았다. 그러다 원가가 만 원도 안 되는 스케이트보드를 발견했다. 망설임 없이 500개를 주문했다.

제품이 도착하고 판매 준비를 마쳤을 때, 생각지도 못한 문제가 발생했다. 어린이 제품이라 통관이 안 된다는 것이다. 아무것도 모르는 초보 셀러는 어린이 제품을 판매하려면 인증이 필요하다는 사실을 몰랐다. 결국 제품은 폐기 처분될 수밖에 없었고 큰 경제적 손실을 보게 되었다. 아픈 경험이었지만 선명하게 배울 수 있었다. 판매를 시작하기 전에 반드시 관련 지식과 정보를 충분히 습득해야 한다.

입고 불가 카테고리(변동 가능)

1. 라이센스 미보유 상품: 포켓몬, 디즈니, 구찌, 샤넬 등
2. 사이즈, 무게 기준 초과 상품
*기준: 단일 상품(포장재 포함) 가로+세로+높이 총합 250cm 이하 / 30kg 이내

입고를 원하면 필요 서류를 반드시 첨부해야 한다. 일부 카테고리는 로켓그로스 서비스 이용이 제한될 수 있다. 운영이 불가한 카테고리는 '상품등록'에서 카테고리 선택 시 '로켓그로스 불가'로 표시된다.

입고 불가 제품

카테고리	세부품목
생활용품	순간접착제 방충제 네일 리무버 손 소독제, 살균제 등 모든 소독제 살충제 (파리/모기 등) 세정제, 세정티슈 (주방, 곰팡이, 에어컨 등 각종 세정제 모두) 엔진오일 모두 (디젤, 휘발유 등) 페인트, 페인트 보조제 등 방수 코팅제, 방수 코팅 스프레이 등 일부 판매 불가 성인 용품
식품	전통주, 신선, 유제품, 일부 판매 불가 냉장/냉동

그 외에도 총포, 도검, 화약류, 분사기, 전기 충격기, 석궁 등에 해당하는 상품과 식물, 의료기기법에 따른 의료기기에 해당하는 상품, 화학물질관리법에 따른 유해화학물질 등도 입고할 수 없다. "선택한 카테고리는 현재 오픈 준비 중으로 이 카테고리에 해당하는 상품은 등록할 수 없습니다."라

고 뜰 경우, 카테고리 변경이 불가하며 상품 수정이 필요하면 신규로 등록해야 한다. 추후 해당 상품이 판매 중지 처리될 수도 있다.

사전 조사에 공을 들일수록 실제
판매 과정이 수월해진다

상품 등록 방식은 세 가지로 개별 등록, 대량 엑셀 등록, 복사 등록이 있다. 상품의 크기와 무게는 로켓그로스 기준 가로, 세로, 높이의 총합이 250cm를 넘지 않고, 무게가 30kg 이하인 상품만 가능하다.

CHAPTER4

상품등록및 관리

　상품 등록에 쓸 카피와 사진을 선택하기 위해 팀원과 오랜 시간 고민했다. 며칠 밤을 새우고 나서야 매력적인 카피와 사진을 완성할 수 있었다. 더는 수정하지 않겠다고 다짐했지만, 정확히 업로드 중간에 전기가 나갔다. 저장하지 않은 모든 정보가 날아갔고, 그 후로도 몇 시간을 다시 일해야 했다. 다행히도 다시 일하는 동안 새로운 아이디어를 얻었고, 그 아이디어가 판매를 올려줬다. 작은 우여곡절이 오히려 좋은 결과를 가져올 때도 많았다.

상품 등록 절차

　상품 등록 방식은 세 가지로 개별 등록, 대량 엑셀 등록, 복사 등록이 있다. 상품의 크기와 무게는 로켓그로스 기준 가로, 세로, 높이의 총합이 250cm를 넘지 않고, 무게가 30kg 이하인 상품만 가능하다.

　등록 절차는 다음과 같다.

상품명 등록

상품명은 실제 판매 페이지에서 고객들이 가장 먼저 보는 이름이다. 쿠팡의 상품명은 네이버처럼 깐깐하지 않다. 그래도 노출에 중요한 요소이니 최대한 활용하자. 상품명은 쿠팡의 규정에 따라 조정될 수 있다. 두 가지 방법을 추천한다.

1. 브랜드명과 제품명을 합친다. 제품명은 상품의 특징과 메인 키워드를 합친 방식으로 만든다.
2. 쿠팡이 직접 만든 PB 상품을 참고한다. 가장 최적화된 상품명이다. '홈플래닛 170cm 탄소강 높이 조절 자바라 스탠드 거치대 대형' 정도를 예로 들 수 있다. 물류 입고 시 사용되는 상품명은 물류 센터 직원이 상품을 입고할 때 확인하는 용도로, 실제 상품 포장에 표기된 이름과 함께 사용한다. 상품명이 일치하지 않으면 반송될 위험이 있다.

카테고리 설정

로켓그로스를 이용할 때 상품 등록이 가능한 카테고리에 제한이 있다. 냉장 혹은 냉동 보관이 필요한 식품(가공식품은 예외), 설치 전문가가 필요한 제품, 액체형 디퓨저 등 일부 화학 성분을 포함한 상품은 현재 등록할 수 없다. 상품이 해당하지 않는 카테고리에 등록될 경우, 자동으로 카테고리가 바뀌거나 판매가 중단될 위험이 있다.

옵션 상품 등록

옵션 상품

상품 등록에는 옵션 상품 등록과 단일 상품 등록 두 가지 방식이 있다. 단일 상품 등록은 옵션이 하나일 때 적합하다. 옵션 상품 등록은 사이즈, 색상, 수량 등 여러 가지 옵션을 설정할 수 있어 다양성이 요구되는 상품에 적합하다. 상품명이 실제 상품과 일치하지 않을 경우 반송될 수 있으니, 주의가 필요하다.

상품 구성

쿠팡은 최저가를 지향하기 때문에 가격 비교를 중요시한다. 그러다 보니 묶음(번들) 상품은 가격 비교가 어려워 지양하는 편이다. 번들 상품의 허용 범위는 동일 구성 2개, 다른 구성 3개까지다. 이를테면 AA, AB, AAA까지는 가능하지만 AAB, ABB, AABB는 안 된다. 그래도 번들로 팔아야만 하는 카테고리는 허용된다. ex) 옷걸이 20개, 볼트 너트 24종

옵션 추가

상품의 옵션명 설정 시 최대 세 가지 옵션을 제공할 수 있으며, 각 옵션은 쉼표(,)로 구분하여 입력한다. 옵션값을 통해 상품의 다양성을 충분히 반영할 수 있다. 필요에 따라 옵션 목록에 있는 '목록 추가' 버튼을 사용해 새로운 옵션을 추가하거나, '삭제' 버튼으로 불필요한 옵션을 제거할 수 있다.

출처(쿠팡 온라인 판매자 문의)

옵션 목록

1. 정상가: 쿠팡에서 판매하기 전 할인이 적용되지 않은 상품의 원래 가격이다. 예를 들어, 옵션 판매가가 9,000원이고 정상가가 10,000원인 경우, 고객에게 10%의 할인율로 표시된다.

2. 판매가: 쿠팡에서 실제로 판매되는 가격이다. 가격은 최소 10원 단위로 설정할 수 있으며, 프로모션 기간에는 가격 변경이 불가능하다. 프로모션 기간이 끝난 후에 변경할 수 있다.

3. 판매자 자동 가격 조정: 판매자가 설정한 가격 범위 내에서 자동으로 가격을 조정하여 판매 기회를 최대화하는 기능이다. 이 기능은 자동 생성된 옵션에도 적용된다.

4. 재고 수량: 판매 가능한 재고의 양을 입력한다. 재고 수는 0부터 99,999까지 설정할 수 있다.

5. 자동 생성 옵션: 고객이 더 많은 수량을 쉽게 선택할 수 있도록, 설

71

정한 가격에 따라 자동으로 생성되는 수량 옵션이다.

6. 판매자 상품 코드: 셀러가 자체적으로 관리하는 상품 코드를 입력하는 부분이다. 이 코드는 발주서에도 출력된다.

7. 바코드: 제품의 표준 상품 코드(바코드)를 입력하는 곳이다.

8. 모델 번호: 제품의 모델명이나 품번을 입력하는 부분이다.

9. 일괄적용: 여러 항목을 한 번에 입력하고자 할 때 사용하는 기능이다. H1 체크 박스를 선택하고 '일괄적용'을 클릭하여 한 번에 처리할 수 있다.

이미지 및 상세 설명 작성

상품 이미지 등록(단일 상품)

1. 옵션 이미지(필수): 상품의 대표 이미지로 사용되며, 상품 입고 시 이미지와 실제 상품을 비교하여 차이가 있으면 상품이 반송될 수 있다.

2. 추가 이미지(선택): 상품 설명을 보완하기 위해 최대 9장의 추가 이미지를 등록할 수 있다.

3. 로켓그로스 상품 검수: 상품 등록 후에는 검수 과정을 거치게 되며, 증빙되지 않은 정보나 광고 사용이 불가한 문구가 포함된 경우 수정하거나 삭제될 수 있다.

4. 이미지 권장 크기: 등록하는 모든 이미지는 정사각형으로, 크기는 1,000px * 1,000px이 권장된다. 최소 해상도는 500px이며, 파일 크기는 10MB 이하의 JPG, PNG 포맷으로 제한된다.

상세 설명 등록(상세 페이지)

모든 사업이 그렇듯 온라인 판매도 도전과 전략이 필요하다. 특히 상세 페이지는 고객에게 제품을 효과적으로 전달하는 중요한 수단이다. 판매자들은 상세 페이지에 최대한 많은 정보를 담고 싶어 하지만, 오히려 역효과가 날 수 있다. 무턱대고 정보의 양으로 대결하기보다는 판매에 성공한 다른 제품을 참고하는 게 좋다. 잘 팔리는 제품의 상세 페이지는 SEO 최적화, 고객 리뷰, 고품질 이미지, 명확한 제품 설명 등을 활용해 노출량을 높이고 있다. 그러나 디자인이나 이미지를 그대로 사용하는 것은 저작권 침해 위험이 있으니, 주의가 필요하다.

상품이미지 • 도움말

기본 등록 | 옵션별 등록

이미지 권장 크기 : 1,000px x 1,000px (최소 500px 이상) / 10MB 이하의 JPG, PNG 파일

대표이미지 •

+

이미지 URL주소로 등록

추가이미지 (0/9)

+

이미지 URL주소로 등록 | 전체 삭제

상세 페이지 등록 절차는 다음과 같다.

1. 상세 설명 등록: 등록하려는 상품의 상세한 설명을 기재한다. 구매자가 상품에 대해 충분한 정보를 얻을 수 있도록 돕는 역할이다.

2. 검수 과정 안내: 상품 등록 후, 로켓그로스에서 제출된 내용에 대한 검수를 실시한다. 검수 과정에서 증빙 자료가 없거나 광고 불가한 문구가 발견될 경우, 수정되거나 삭제될 수 있다.

3. 이미지 업로드 절차: '기본 등록'을 클릭한 후, 상세 페이지에 들어갈 이미지를 업로드한다. '이미지 등록'에서 상세 페이지의 이미지를 드래그 앤드 드롭 방식으로 추가한다.

4. 등록 순서: 아래 이미지에 해당하는 (1)부터 (5)까지 순차적으로 진행된다. 각 단계를 따라가며 필요한 정보와 이미지를 순서대로 등록한다.

5. 이미지 사이즈: 상세 설명에 사용될 이미지의 권장 크기는 780px * 5,000px 이다. 파일 크기는 10MB 이하의 JPG 또는 PNG 형식이어야 한다.

상품 주요 정보(1)

1. 브랜드: 제품이 속한 회사의 브랜드명을 입력한다. 만약 브랜드명 이 없는 경우, '브랜드 없음' 옵션을 선택한다.

2. 제조사: 제품의 브랜드와 협력하는 제조사의 이름을 함께 기입한 다. 브랜드명이 없으면 협력사명만 입력한다.

3. 상품 구성 옵션(C1): 단일 상품만 등록하는 경우에 선택한다.

4. 상품 구성 옵션(C2): 여러 종류의 상품이 혼합된 세트 구성인 경우 선택한다. 예를 들어, 색상, 맛, 사은품(무료 증정) 등 다양한 상품 으로 구성되어 있을 때 사용한다.

5. 인증 정보 등록:

   (D1) 인증 신고 대상: 제품이 특정 인증이나 신고 대상일 경우, 해 당 옵션을 선택하고 필요한 서류(예: 캐릭터 라이선스, KC 인증서) 를 첨부한다.

   (D2) 상세 페이지 별도 표기: 인증 번호 등의 정보가 상세 페이지 에 별도로 명시된 경우, 이 옵션을 선택한다.

   (D3) 인증 신고 대상 아님: 제품이 인증이나 신고 대상이 아니면, 이 옵션을 선택한다.

상품 주요 정보(2)

1. 병행 수입 상품에 대한 주의 사항: 병행 수입 상품을 등록할 경우, 반드시 수입 신고필증을 첨부해야 한다. 이는 병행 수입 상품의 합 법적인 유통을 증명하는 중요한 문서이다.

2. 미성년자 구매 가능 여부 설정: 상품이 미성년자에게 판매될 수 없는 경우, 이를 명시해야 한다. 단, 이 설정은 쿠팡 측의 정책에 따라 변경될 수 있다.

3. 인당 구매 수량 제한 설정: 특정 기간 구매 가능한 최대 수량을 설정할 수 있다. 예를 들어, 한 구매자가 1일 동안 최대 3개까지만 구매할 수 있도록 설정 가능하다.

4. 판매 기간 설정: 판매하려는 상품의 판매 기간을 등록할 수 있으며, 판매 기간 종료를 예약하는 기능을 통해 판매 종료 시점을 관리할 수 있다.

5. 부가세 처리: 판매하려는 상품이 과세 대상인지 면세 대상인지 선택해야 한다. 이는 상품의 세금 처리 방법을 결정하는 중요한 부분이다.

상품 주요 정보 • 도움말

브랜드 •	상품 자체에서 확인되는 브랜드명을 입력해주세요. ☐ 브랜드없음 (또는 자체제작)
제조사	제조사를 알 수 없는 경우 브랜드명을 입력해주세요.
상품 구성 •	◉ 동일한 상품으로 구성됨 ⑦ ○ 다양한 상품이 혼합되어 구성됨 ⑦
인증정보 ⑦	○ 인증-신고 대상 ○ 상세페이지 별도표기 ◉ 인증-신고 대상 아님
병행수입 ⑦	○ 병행수입 ◉ 병행수입 아님
미성년자 구매 • ⑦	◉ 가능 ○ 불가능
인당 최대구매수량 ⑦	○ 설정함 ◉ 설정안함
판매기간 ⑦	○ 설정함 ◉ 설정안함
부가세 • ⑦	◉ 과세 ○ 면세

예) 권똥똥
권똥똥 협력사

검색과 태그

검색어

검색어는 고객이 관련 키워드를 입력하면 특정 상품을 노출하는 기능이다. 상품과 관계없는 검색어는 삭제되거나 변경될 수 있다. 최대 20개 등록할 수 있으며, 해시태그로 표기한다. 해시태그는 쉼표로 구분하면 된다.

효과적인 태그 방법

포셀(http://forsell.co.kr) 사이트에서 관련 키워드의 유입과 검색량을 확인할 수 있다. 연관 키워드를 검색하고 메인 키워드를 가져온다. 쿠팡의 연관 키워드, 자동 완성 키워드를 확인하고 중복되는 내용을 제거한다. 태그는 단어를 잘 쪼갤수록 경우의 수가 몇 배로 검색되니 참고하자. 이를테면 '자석 단추'라고 검색하는 대신 '자석'과 '단추'를 따로 검색하는 식이다.

태그의 중요성

태그는 제품의 검색 가능성을 높이고, 고객이 원하는 제품을 쉽게 찾도록 돕는 중요한 도구이다. 적절한 태그를 사용하면 제품의 노출이 증가하고, 매출 증가에 큰 도움이 된다. 예를 들어 "아동용 겨울 코트"를 업로드한다고 가정하자. "아동용 코트", "겨울 의류", "따뜻한 코트", "유아 패션", "겨울 아동복" 같은 태그를 추가하면, 고객이 관련 키워드를 검색할 때 제품이 쉽게 노출된다. 이후 관련 태그를 통해 더 많은 고객이 제품을 찾을 수 있게 되어 판매 기회가 늘어나는 것이다. 중요한 내용이니 더 자세히 살펴보자.

1. 검색 가시성 향상

   태그는 타깃에 제품을 노출하는 가장 효과적인 방법이다. 예를 들어, 고객이 "여름 원피스"를 검색하는데, 제품에 "여름", "원피스", "패션" 등의 태그가 포함되어 있다면 검색 결과 상위에 노출될 가능성이 높아진다. 이는 제품의 클릭 수와 판매량을 증가시키는 중요한 요소이다.

2. 고객 맞춤형 추천

    고객 맞춤형 추천 시스템에서 중요한 역할을 한다. 쿠팡과 같은 전
    자 상거래 플랫폼은 태그를 기반으로 고객에게 맞춤형 추천을 제
    공하기 때문이다. 예를 들어, 고객이 "스포츠용품"을 많이 검색하
    고 구매한다면, 해당 태그를 가진 다른 제품들이 추천 목록에 더 자
    주 등장한다. 결국 고객의 구매 확률을 높이는 기회이다.

3. 제품 카테고리화 및 정렬

    태그는 제품을 특정 카테고리로 정렬하고 분류하는 데 도움을 준
    다. 고객이 원하는 제품을 더 쉽게 찾을 수 있도록 하며, 쇼핑 경험
    을 개선한다. 예를 들어, "오가닉", "비건", "글루텐 프리" 등의 태그
    를 사용하면, 특정 요구를 가진 고객들이 해당 제품들을 더 쉽게 찾
    을 수 있다. 제품의 발견 가능성을 높여주고, 특정 타깃 고객층을
    유치하는 데 효과적인 역할을 한다.

검색 패턴을 분석해 태그하는 방법

1. 데이터 수집

    고객의 검색 패턴을 분석하기 위해 먼저 검색 데이터를 수집해야
    한다. 이 데이터에는 고객이 입력한 검색어, 검색 빈도, 검색 시간
    대 등이 포함된다. 이를 통해 어떤 검색어가 자주 사용되는지 파악
    할 수 있다. 구글 애널리틱스, 키워드 플래너, 네이버 데이터랩 등
    의 도구를 사용하여 인기 키워드를 찾거나, 웹사이트 내 검색 로그
    를 분석하여 고객들이 주로 어떤 검색어를 사용하는지 파악하는

것이다.

2. 트렌드 분석

현재 트렌드와 고객의 관심사를 파악하기 위해 트렌드 분석을 실시한다. 요즘 인기 있는 키워드를 찾아내고, 이를 태그로 **활용할** 수 있다. 트위터, 인스타그램, 페이스북 등 소셜 미디어에서 인기 있는 해시태그와 키워드를 분석하고, '구글 트렌드'를 사용하여 특정 키워드의 검색 빈도가 시간에 따라 어떻게 변하는지 파악한다.

3. 경쟁사 분석

경쟁사의 제품 페이지와 사용 태그를 분석하여 어떤 태그가 효과적인지 파악할 수 있다. 이를 통해 경쟁사보다 더 나은 태그 전략을 수립할 수 있다. 경쟁사의 인기 제품 페이지를 방문하여 사용된 태그와 키워드를 확인한다. 더 직관적인 방법은 경쟁사 제품의 리뷰를 분석하여 고객들이 주로 어떤 단어를 사용하는지 파악하는 것이다.

4. 고객 피드백 수집

고객의 직접적인 피드백을 통해 어떤 키워드가 유용한지 알 수 있다. 고객이 자주 사용하는 언어와 표현을 반영하여 태그를 선정한다. 직접적으로 다가가기 위해 설문조사를 실시하며 제품과 관련해 연상되는 키워드를 묻는다. 제품 리뷰와 Q&A 섹션을 분석하여 고객들이 사용하는 단어와 표현을 파악할 수도 있다.

수집된 데이터를 기반으로 태그를 최적화한다. 자주 검색되는 키워드와 트렌드를 반영하여 태그를 설정하고, 정기적으로 업데이트하면 좋다.

다양한 태그를 사용하여 A/B 테스트를 실시하고, 어떤 태그가 더 높은 클릭률과 판매율을 기록하는지 분석한다. 성과를 비교하라는 뜻이다. 주기적으로 분석한 결과를 바탕으로 효과적인 태그를 선정하고, 이를 제품 페이지에 적용한다.

검색 필터

검색옵션은 검색어로 자동 설정되며, 고객이 상품을 찾아보는 검색 필

터로 활용된다. 필요한 속성만 선택하여 개별 입력할 수 있다.

상품정보제공고시

고객에게 전달해야 할 상품 정보를 제공하는 단계이다. 기재한 내용을 바탕으로 상세 페이지에 업로드된다.

A. 카테고리 선택: 판매할 제품이 포함되는 상위 카테고리를 선택한다. '잠옷' 같은 경우는 '의류'로 선택한다.

B. 전체 상품 상세 페이지 참조는 선택한다.

C. 상세 페이지에 해당하는 내용이 있으면 선택한다.

D. 상세 페이지에 해당하는 내용이 있으면 선택한다.

E. 상세 페이지에 필요한 내용이 없으면 한글로 해당 내용을 기재한다.

구비서류

1. 기타인증서류: 필요한 서류를 5MB 이하의 PDF, HWP, DOC, DOCX, TXT, PNG, JPG, JPEG 파일 형식으로 업로드할 수 있다.

2. 구비서류 목록은 카테고리마다 다를 수 있으니 참고하자.

3. 구비서류 중 필수로 지정된 항목은 반드시 업로드해야 하며, 미등록 시 상품 등록이 불가능할 수 있다.

4. 일부 카테고리 상품은 보증보험서류 승인 후 상품을 등록할 수 있다.

5. 상품군별 필수 준비 서류

상품 등록 시 아래 상품군별 필수서류 상세 이미지가 누락되는 경우, 상품 등록이 반려되며 10일 이상 등록 지연될 수 있다. 빠른 상품 등록을 원한다면 필수 서류를 꼭 확인하여 상품을 등록해야 한다.

기타인증서류   　파일선택　　다운로드

5MB 이하 파일을 업로드하세요. (PDF, HWP, DOC, DOCX, TXT, PNG, JPG, JPEG 파일 형식만 가능)

배송과 물류

배송

출고지에 상품이 출고되는 주소를 기재한다. 출고지를 추가하는 방법
은 '판매자 주소록' -> '출고지 추가' -> '새 주소지 등록'이다. 빨간 별표가
있는 필수 사항은 모두 입력해야 한다.

출고지 판매자 주소록   ✕

새 주소지 등록

주소지 유형	출고지
주소지명 •	주소지명을 입력해주세요
국가 구분 •	◉ 국내 ○ 해외
	☑ 대표주소와 동일
우편번호 •	12160
주소 •	
전화번호 •	
추가 전화번호	
제주/도서산간 배송여부 •	○ 가능 ◉ 불가능

A. 제주/도서·산간 배송여부: 제주도 및 도서·산간 지역으로 배송이 가능한 경우, '주소록/배송관리' 메뉴에서 해당 택배사와 도서·산간 추가 배송비를 설정할 수 있다.

B. 택배사: 상품 등록 시 택배사와의 계약 여부에 상관없이 상품을 등록할 수 있으며, 택배사 선택은 추후에도 가능하다.

C. 배송 방법 선택: 일반배송, 신선냉동, 주문제작, 구매 대행, 설치 배송, 또는 판매자 직접 전달 중에서 상품에 적합한 배송 방법을 선택한다.

D. 묶음배송 옵션: 상품 등록 시 묶음배송을 가능으로 설정하면, 같은

판매자의 여러 상품을 주문한 고객에게 하나로 합쳐 배송할 수 있으며, 이 경우 배송비가 중복으로 부과되지 않는다.

E. 배송비 설정: 배송비는 무료배송, 유료배송, 조건부 무료배송(예: 9,800원 이상 구매 시 무료배송), 착불배송 등으로 설정할 수 있다.

F. 출고 소요일 설정: 판매자는 상품의 출고 소요일을 설정해야 하며, 이는 주문 접수부터 상품 출고까지 걸리는 기간을 의미한다. 설정 가능한 기간은 배송 방법에 따라 다르며, 일반배송/신선냉동의 경우 최소 1일부터 최대 7일, 주문제작 등의 경우 최소 1일부터 최대 20일이다. 설정된 출고 소요일에 따라 판매 페이지에 도착 예정일이 자동으로 표시된다.

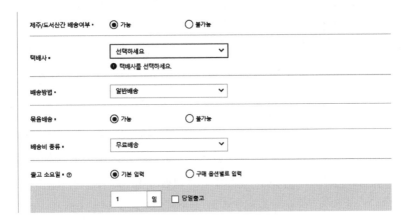

반품/교환지

1. 반품/교환지 설정: 반품지 관리 메뉴에서 미리 입력해둔 반품지 중 하나를 선택한다. 만약 택배사와 계약을 맺지 않았다면, '직접 입력' 옵션을 선택하여 반품지 주소를 직접 기입한다. 이렇게 설정할 경우, 고객이 반품이나 교환을 요청했을 때 상품이 자동으로 회수되지 않으며, 판매자가 특정 택배사를 통해 반품 절차를 직접 관리해야 한다.
   (반품/교환지 설정: '반품/교환' -> '반품/교환지 내 판매자 주소록' -> '반품/교환지 추가')

2. 초도 배송비(편도) 설정: 상품이 무료배송인 경우, 반품 시 고객이 부담해야 할 배송비를 설정한다. 설정한 금액은 반품 배송비와 합산되어 고객에게 표시된다. 예를 들어, 초도 배송비와 반품 배송비를 합한 금액이 왕복 배송비로 산정된다.

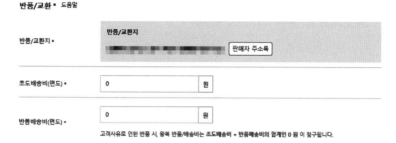

로켓그로스 물류 입고 정보(1)

1. 물류 입고용 상품명 관리: 추가 입고 시 표시되는 상품명으로 노출 상품명이 자동으로 사용되며, 라벨 출력 시 이 상품명이 표시된다. 이 상품명은 34자로 제한되어 있으며, 물류 센터 입고 시 실제 상품 포장에 있는 상품명과 대조하여 사용된다. 불필요한 광고 문구가 포함된 경우 제거해야 한다.

2. 상품 바코드 입력: 상품의 표준 바코드를 입력하며, 실제 상품에 표시된 바코드와 등록된 바코드가 일치해야 한다. 세트 상품의 경우, 낱개 상품의 바코드 대신 세트 상품 기준의 바코드를 입력해야 한다. 표준 바코드가 없는 상품의 경우 쿠팡 바코드를 사용해야 하며, 이 바코드는 상품 입고 전 전용 라벨지에 인쇄하여 각 상품마다 부착해야 한다. 위 지침을 따르지 않을 경우 상품은 물류 센터에 입고될 수 없으며, 입고 과정에서 문제가 발생하면 판매자의 과실로 간주되어 상품이 반송될 수 있다.

로켓그로스 물류 입고 정보(2)

1. 물류용 상품 정보 설정: 상품 등록 과정 중 '나중에 입력할게요.' 옵션을 선택하여, 물류용 상품 정보 입력을 일시적으로 건너뛸 수 있다. 이를 통해 판매자는 필요한 정보를 나중에 유연하게 보완할 수 있다.

2. 판매 가능 여부 확인: 판매 요청을 하기 전에, 로켓그로스를 통해 판매가 가능한 상품인지 사전에 확인해야 한다. 로켓그로스의 판매 기준 및 제한 사항을 충족하는지 검토하기 위해서이다.

3. 검수 기준 확인: '로켓그로스 검수 기준을 모두 확인하였습니다.' 옵션을 선택함으로써 판매자가 로켓그로스의 모든 검수 기준을 확인하고 이해했음을 명시한다. 이 과정은 판매 요청 전 필수적인 절차로, 상품이 로켓그로스의 기준에 부합함을 보장한다.

4. 판매 요청 완료: 위 모든 단계를 성공적으로 마치면, 상품 등록 절차가 완료되며 판매 요청이 진행된다. 이 단계에서는 상품이 로켓그로스 플랫폼에서 판매될 준비가 완료된 것으로 간주한다.

아이템 위너

주문 건수가 갑자기 늘었다.

"이것 좀 봐요."

이사님을 불러서 모니터를 확인했다. 새로고침을 누를 때마다 주문 수량이 달라졌다.

"대박 났다."

기하급수적으로 늘어나는 주문 건수가 무서웠다. '과연 이 물량을 감당할 수 있을까?' '뭐가 잘못된 건 아닐까?' '가격을 잘못 책정했나?' 일단 주문 처리를 했다.

저녁에 메일이 하나 와 있었다. 처음 보는 주소라 대수롭지 않게 생각했다.

"위너 매칭을 풀지 않으면 법적 조치를 취하겠습니다."

경쟁 업체였다. 덜컥 겁이 났다. 무언가 잘못된 것 같아 상품의 정보를 꼼꼼히 살폈다. 상품에 위너 매칭이 걸려 있었다. 쿠팡의 아이템 위너 시스템 덕분에 높은 매출을 올린 것이다. 경쟁 업체에게 연락이 올 만큼 위너의 힘은 강력했다.

아이템 위너는 무엇인가

아이템 위너는 동일한 상품을 판매하는 여러 판매자 중에서 가격과 판매자 지수가 가장 좋은 판매자의 상품을 쿠팡에서 먼저 노출하는 시스템이다. 이 시스템은 구매자에게 가장 저렴한 가격의 상품을 제공하고, '쿠팡은 가장 저렴한 플랫폼'이라는 인식을 강화하기 위해 마련되었다.

아이템 위너 정책은 여전히 논란이 많지만, 쿠팡에서 사용 중이다. 이 제도를 싫어하는 판매자도 있다. 누군가는 위너로 인해 수익을 보기도 하지만 누군가는 손해를 볼 수도 있기 때문이다. 나도 손해 볼 수 있다는 생각을 갖자. 그러니 마켓의 선택을 기다릴 게 아니라 자신의 판매 실력과 소싱 능력을 키워야 한다. 두 능력이 있다면 어떤 플랫폼에서든 살아남을 수 있다.

04

아이템 위너가 되지 못한 상품은 '다른 판매자 보기' 버튼을 통해서만 살펴볼 수 있으니 당연히 위너가 아닌 판매자의 제품은 판매가 어렵다고 봐야 한다. 또한 쿠팡은 아이템 위너만 광고가 집행되기 때문에 노출이 어렵다. 시스템을 통해서 자동으로 매칭될 수도 있고 다른 판매자가 의도적으로 매칭을 거는 경우도 있다.

아이템 위너 선정 기준

가장 낮은 가격을 제공하는 상품이 먼저 고려된다. 쿠팡은 소비자에게 최저가 제품을 보여주려고 하므로 가격 경쟁력은 매우 중요한 요소이다. 추가로 무료 배송인 제품에 더 높은 점수를 부여한다. 쿠팡은 배송비를 포함하지 않은 순수 제품 가격을 중시한다. 배송비를 높이고 제품 가격을 낮추는 악용 사례를 방지하기 위해서이다.

또 다른 요인은 판매자 점수이다. 판매자의 주문 이행 점수(취소율), 정시 배송률, 24시간 내 문의 답변 여부 등이 포함된다. 쿠팡이 판매자의 서비스 품질을 중요시하기 때문이다. 이 정보들을 바탕으로, 아이템 위너로 선정되기 위해서는 경쟁력 있는 가격 설정, 무료 배송 제공, 높은 판매자 점수 유지가 중요함을 알 수 있다.

아이템 위너에 묶이지 말아야 하는 이유

인기 상품은 많은 판매자와 경쟁해야 하는데, 시간이 지나면 지날수록 경쟁이 많이 치열해진다. 이는 판매량 감소와 가격 인하를 초래할 수 있다. 더군다나 모든 상품은 유행이 지나면 인기가 떨어진다. 특정 상품에만 의존하면 유행이 바뀔 때 큰 타격을 입을 수 있다. 고객의 취향과 요구는 계속 변하기 마련이다. 여러 종류의 상품을 판매하면 브랜드 이미지를 더 잘 구축할 수 있고, 고객에게 다양한 선택지를 제공할 수 있다. 요약하면 시장의 변화에 신속히 대응하고, 장기적으로 사업의 안정성을 높이기 위해 아이템 위너에 묶이지 않는 게 좋다. 판매에 유리한 위치는 상관없지만, 타의로 매칭되었는데 판매에 불리하다면 이를 벗어나는 방법이 있다.

아이템 위너에서 벗어나는 노하우(1)

아이템 위너는 쿠팡 AI가 자동으로 동일한 상품을 인식해서 매칭을 걸거나, 판매자가 직접 매칭 요청을 하게 되어 있다. 자동으로 될 때는 섬네일(대표 이미지)과 브랜드명, 상세 페이지 등을 고려해서 비슷한 상품이라고 판단해 매칭된다. 아이템 위너에서 불리한 위치에 놓이지 않도록 몇 가지 조치를 취해야 한다.

1. 섬네일과 상세 페이지 변경

   쿠팡은 깔끔한 섬네일을 선호한다. 가능한 한 깨끗하고 단순한 배경에서 촬영하는 것이 좋다. 일반적으로 권장되는 해상도는 가로와 세로가 최소 500픽셀 이상이다. 쿠팡에서는 상품 이미지에 회사 로고, 워터마크, 연락처 정보 등을 포함시키지 못하게 한다. 고로 이미지는 상품 자체만을 표현해야 한다. 아래 사진은 쿠팡에서 원하는 섬네일 예시다.

하지만 쿠팡의 아이템 위너를 피하기 위해서 셀러들은 여러 가지 시도를 하고 있다. 상품 사진을 직접 촬영하거나, 섬네일에 배경색을 넣어 다른 상품처럼 보이게 하는 것이다. 많이 묶이는 상품은 이런 방법으로도 간단하게 매칭이 해지되었다. 상세 페이지도 변형을 주어 다른 상품처럼 보이게 한다.

2. 옵션명, 제조사, 브랜드 변경

옵션명을 "블랙" -> "동동 블랙"으로 변경하는 등 간단하게 위너가 해지될 수 있다. 하지만 판매자 로켓에 입고된 상품은 옵션명 변경이 불가하니 브랜드명을 변경하자.

그러나 이 방법도 언제 막힐지 모른다. 추천하는 다른 방법도 있다.

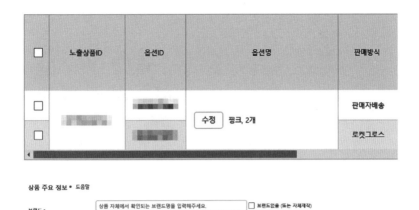

아이템 위너에 묶이지 않는 노하우(2)

1. 가격 경쟁 전략

   쿠팡에서 제공하는 판매자 자동 가격 조정 기능을 활용하여, 경쟁 판매자가 가격을 낮출 때 자동으로 당신의 상품 가격도 조정되도록 설정한다. 가격 경쟁에서 밀리지 않기 위한 첫 번째 단계이다. 다른 판매자가 당신의 상품과 같은 상품을 더 낮은 가격에 판매할 경우, 당신도 가격을 낮추어 경쟁에 적극적으로 참여해야 한다. 이는 내 상품이 계속해서 우위에 남을 수 있도록 하는 전략이다. 필요한 경우 상품의 가격을 원가까지 낮춰서라도 가격 경쟁에서 우위를 점해야 한다. 단기적인 손실을 감수하면서도 장기적으로 유리한 위치를 선점하기 위한 전략이다.

2. 상품 비교 및 매칭 분리 요청

먼저 경쟁자의 상품이 당신의 상품과 동일한지 확인한다. 이는 경쟁 판매자의 상품을 직접 구매해 재질이나 사이즈, 디자인 등의 측면에서 당신의 상품과 비교할 수 있다. 만약 경쟁 판매자의 상품과 내 상품 사이에 미세한 차이가 발견되면, 이 차이점을 자세히 기록하고 쿠팡에 분리 요청을 한다. 이를 위해 구매 이력, 상품 비교 사진 등을 증거 자료로 첨부하여, 내 상품과 경쟁 판매자의 상품이 실제로 다른 상품임을 증명해야 한다.

이 과정에서 중요한 것은 설득력 있는 자료를 준비하는 것이다. 직접 촬영한 사진을 포함해 가능한 한 상세하게 차이점을 문서화하여, 쿠팡의 온라인 문의 담당자가 해당 사안을 명확하게 이해하고 분리 결정을 내릴 수 있도록 한다. 준비된 자료를 바탕으로 요청하면, 쿠팡에서는 내 상품과 경쟁 판매자의 상품을 서로 다른 아이템으로 인식하여 분리 처리할 가능성이 높습니다. 본인 상품이 아이템 위너 자리를 유지하고, 불필요한 가격 경쟁으로 인한 손해를 최소화할 수 있게 한다.

3. 상품 리뉴얼 전략

리뉴얼을 계획할 때는 먼저 경쟁 상품과 당신의 상품이 실제로 같은 상품인지 확인하는 것이 중요하다. 어떠한 차이를 발견했다면, 이를 기반으로 리뉴얼을 진행한다. 리뉴얼을 완료한 후에는 변경된 상품의 특성을 쿠팡에 문의하여 매칭 분리를 요청할 수 있다. 본인의 상품이 고유한 아이템으로 인식되어 독립적인 판매 경로를 유지할 수 있게 한다.

4. 저작권 등록과 스티커

저작권을 등록한 후 스티커를 제작하면 좋다. "스티커 제작"이라고 검색하면 되고, 특히 소량 제작이 가능한 업체를 찾는다. 상세 페이지에 스티커 부착 상품을 넣고 쿠팡 담당자를 설득한다. 매칭된 타 제품과 구별된다는 사실을 강조해야 한다. 그래서 나만의 로고가 부착된 상품, 직접 촬영한 이미지나 상세 페이지가 중요하다. 제작한 상세 페이지는 쿠팡이 아닌 스마트 스토어와 11번가, g마켓 등 사업자로 가입한 다른 마켓에도 업로드한다(상품명, 섬네일, 옵션명 등 모두 동일하게).

분리 요청 시 담당자 설득 요령

아래와 같이 담당자를 설득한다.

"저희 업체는 직접 샘플을 선별하고 상세 페이지도 자체 제작하여 제품을 소개하고 있습니다. 그런데 경쟁 업체가 비슷한 외관의 저가 중국 제품을 도입하여 가격 경쟁을 벌이고 있어, 쿠팡 소비자에게 부정적인 경험을 제공하고 있습니다. 이러한 행위는 쿠팡의 전반적인 신뢰성에도 악영향을 끼칠 수 있습니다. 추가로 저희가 권리를 소유하고 있는 상세 페이지 내용을 경쟁 업체가 사용하며 부정 경쟁 방지법을 위반하고 있습니다. 따라서 상품 설명 페이지 사용에 대한 권리 침해와 관련하여 쿠팡에 공식적으로 문의하고 분리를 요청합니다."

구매자들이 반응하는 요소는 대개 한 끗 차이로 결정된다. 매력적인 상품은 디테일이 다르다.

고가의 상품을 기획하는 중에 전신 거울이 눈에 들어왔다. 배송 중 파손될 위험이 있어 망설였지만, 국내에서 찾기 힘든 특이한 디자인이라 도전해 보기로 했다. 판매는 아주 순조로웠다. 제법 많은 사람들이 구매했다. 문제는 배송이었다. 거울이니 파손 염려가 되어 우드 포장을 하고 특별한 요청까지 하며 통관을 거쳤지만, 결국 부서지는 경우가 허다했다.

CHAPTER5

상품 입고하기

효과적인 상품 포장 방법

"얼마나 싸우면 이렇게 거울을 자주 버려요?"

남편이 깨진 거울을 버리러 재활용 센터를 들락거리던 어느 날, 관리자가 물었다. 우리 부부가 자주 싸워서 거울을 깬다는 소문이 들렸다.

고가의 상품을 기획하는 중에 전신 거울이 눈에 들어왔다. 배송 중 파손될 위험이 있어 망설였지만, 국내에서 찾기 힘든 특이한 디자인이라 도전해 보기로 했다.

판매는 아주 순조로웠다. 제법 많은 사람들이 구매했다. 문제는 배송이었다. 거울이니 파손 염려가 되어 우드 포장을 하고 특별한 요청까지 하며 통관을 거쳤지만, 결국 부서지는 경우가 허다했다.

당연히 반품을 해 드렸고, 부서진 거울은 매번 우리집에서 처리했다. 얼마나 자주 버렸으면 재활용 센터에서 우리를 그런 커플로 오해했을까?

아무리 좋은 제품이라도 포장과 배송 방법을 고려해야 한다. '어? 이거 괜찮은데?'라는 생각과 달리 운송에서 종종 문제가 터지기 때문이다. 배송 문제는 어쩔 수 없이 경험할 테지만 실패는 없다. 일단 도전하고, 노력하며 깨닫는 것이다.

규격 정하기

입고 ID별 최대 30박스까지 구성 가능하다. 예를 들어, 입고 ID 기준으로 상품 A에 10박스를 입력했다면 상품 B에 20박스를 입력해 최대 30박스로 구성할 수 있다. 물류 센터 입고 시 동일 일자, 동일 물류 센터 내 입고 가능 박스 수량 제한은 없다.

포장하기

상품 개별 바코드는 필수로 부착되어야 하며, 바코드 스캔에 반드시 문제가 없어야 한다. 최종 포장 후 바코드를 부착해야 한다. 바코드가 물류센터에서 인식이 되지 않는 경우가 종종 있어 바코드 스캔 확인은 필수이다.

제품이 손상되지 않도록 견고한 재질의 비닐과 상자를 사용하여 포장하고, 충격을 완화할 수 있는 완충제를 추가하는 것이 좋다. 제품이 변색되거나 다른 물체에 색이 묻는 일이 없도록 해야 하며, 파손이나 오염될 가능성이 있는 품목은 개별적으로 비닐이나 상자에 담아 밀봉하여 제공한다. 모든 액체 상품이나 끈적거리는 제품은 제조업체에서 안전하게 밀봉한다. 전반적인 보호 포장을 할 경우, 에어캡 등을 사용하여 제품명, 바코드, 필수 정보(유통 기한, 생산 일자 등)가 포장 외부에 명확히 보이도록 한다.

의류 제품에는 색상과 사이즈 정보를 담은 행택(라벨) 부착을 추천한다. 행택이 부착되어 있더라도, 제품의 바코드와 명칭은 반드시 포장 외부에도 표시한다. 필요하지 않은 바코드는 가려질 필요가 있다. 옷걸이에 걸린 형태(GOH)로 납품되는 제품은 사전 협의를 거친 상품에 한하여 수령이 가능하며, 관련 사항은 영업 담당자에게 문의한다. GOH 형식의 제품

역시, 비닐로 개별 포장해 제품이 충분히 보호되어야 한다. 다른 유통업체의 이름이나 가격표가 제품의 행택에 부착되어 있으면 안 된다. GOH 형태를 제외한 모든 제품은 접힌 상태로 납품되는 게 좋다.

신발의 경우에는 한 쌍에 해당하는 원산지 정보가 포함되어야 한다. 신발을 제외한 모든 제품은 개별적으로 투명 비닐봉지에 넣어 밀봉하는 것이 좋다. 한 비닐봉지에 여러 판매 단위를 넣지 않는다. 비닐 포장은 납품, 저장, 배송 과정에서 손상되거나 찢어지지 않을 충분한 두께와 품질을 갖추어야 한다. 포장이 손상될 경우 제품은 반송 처리될 수 있다. 중요한 점은 wing에 입력된 제품의 사이즈(길이, 무게)와 실제 측정 사이즈가 다를 경우, 반송 처리될 위험이 있다는 것이다.

가정용 섬유제품 (일상생활에서 사용하는 피부에 직접 또는 간접 접촉하는 섬유로 만들어진 제품, 신발류, 가방류 포함)	품질표시사항
한글 표시 사항	1. 섬유의 조성 또는 혼용률 -겉감/안감/충전재 -다운 제품: 솜털, 깃털, 기타로 % 표시
	2. 제조국명
	3. 제조연월, 최초판매시즌, 로트번호 (택 1)
	4. 치수 (가방은 생략)
	5. 취급상 주의사항
	6. 표시자 주소 및 전화번호

출처(쿠팡 온라인 판매자 문의)

택배 계약 & 밀크런 택배

사실 초보 셀러의 적은 물량으로 택배를 계약하기 쉽지 않다. 그래도 초보 셀러가 활용하기 좋은 몇몇 방법을 소개한다.

네이버 셀러오션 카페

셀러오션 카페는 온라인 쇼핑몰 셀러들이 정보를 공유하고 협력하는 커뮤니티로, 택배 계약을 포함한 다양한 비즈니스 관련 정보를 얻을 수 있다. 거주하는 지역의 택배 업체를 검색한다.

1. 장점

   셀러오션 카페에 가입하면 다양한 택배사와의 계약 정보를 쉽게 얻을 수 있다. 이는 특히 초보 셀러들이 처음 시작할 때 큰 도움이 된다. 다른 셀러들의 경험담과 노하우를 통해 어떤 택배사를 선택해야 하는지, 계약 시 주의 사항 등을 통해 시행착오를 줄일 수 있다. 특정 지역의 택배 대리점이나 기사님의 연락처 정보도 얻을 수 있어, 지역에 맞는 최적의 택배사를 찾는 데 유리하다.

2. 단점

   일부 정보는 사용자들의 주관적인 경험에 기반하기 때문에 정확하지 않을 수 있다. 계약 전에 충분히 검토하고 확인하는 과정이 필요하다. 처음 가입하고 정보를 찾는 과정은 다소 복잡할 수 있다. 게시물과 댓글을 꼼꼼히 읽어야 하는 번거로움이 있다. 택배 비용이나 계약 조건이 변동될 수 있어, 최신 정보를 지속적으로 확인해야 하는 부담이 있다.

3. 방법

개인적으로 물건을 주문하면 배송 기사님이 본인 휴대폰으로 연락을 준다. 기사님께 연락해서 '초보 셀러라서 연락 드릴 때만 수거해 달라.'고 말씀드린 후 계약하는 방법도 있다.

물건을 보낼 때만 연락하여 수거를 요청할 수 있으므로, 고정된 스케줄에 구애받지 않고 유연하게 택배를 보낼 수 있다. 특히 배송 기사님과 개인적인 관계를 형성할 수 있어, 긴급한 상황이나 특별한 요청이 있을 때 더 쉽게 협조를 구할 수 있다. 그러나 초보 셀러는 물량이 많지 않기 때문에, 배송 기사님의 사정에 따라 서비스가 불규칙적일 수 있다. 이는 중요한 배송 일정에 영향을 미칠 수 있다. 특정 시간에만 수거가 가능하거나 특정 지역으로의 배송에 제약이 있을 수도 있다.

한진 원클릭 서비스

한진 원클릭(https://hanjinoneclick.co.kr)과 계약하는 방법도 있다. 한진 원클릭은 소규모 셀러들을 위해 한진택배가 제공하는 서비스로, 물량이 많지 않은 판매자들이 유리하게 이용할 수 있는 택배 서비스이다.

1. 장점

한진 원클릭 서비스는 소규모 셀러들을 대상으로 저렴한 가격에 택배 서비스를 제공한다. 계약 절차도 간단하며, 한진택배 회원 가입 후 바로 서비스를 이용할 수 있다. 물건을 포장하고 문 앞에 두면 정해진 시간에 택배 기사님이 와서 수거해 간다. 특히 바쁜 일정을 가진 셀러들에게 매우 유용하다.

2. 단점

물량이 적은 경우에도 일정 요금을 지불해야 하므로, 소규모 셀러에게는 고정비가 부담될 수 있다. 특히 첫 달 요금이 예상보다 높게 나올지 모른다. 문제 발생 시 한진택배의 고객 센터를 통해 해결해야 하는데, 상담이 원활하지 않아 긴급 상황에 대처하기 어렵다는 단점이 있다. 지역에 따라서도 서비스 품질이 다를 수 있다. 일부 지역에서는 수거와 배송이 지연되는 경우가 발생하기도 한다.

쿠팡 밀크런 택배 신청

밀크런 택배는 여러 판매자(공급자)를 순회하여 운송하는 물류 시스템을 의미한다. 공급업체 간 위치와 일정을 고려해 운행 경로를 설정하여, 하나의 트럭으로 여러 판매자의 상품을 픽업해 물류 센터까지 운송하고 입고한다.

택배 타입은 서울, 인천 경기 이용 가능하고 트럭 타입은 경상, 전라, 강원만 이용할 수 있다. 팔레트 타입은 서울, 인천, 경기, 충청권을 타깃으로 하며, 대구나 경산 등 일부 지역은 2day로 가능하다.

1. 장점

누구나 사용할 수 있다. 소규모 1인 사업자도 계약 택배 없이 밀크런을 통해 대량의 물건을 쉽게 입고시킬 수 있다. 단가는 크기에 따라 다르지만, 일반적으로 2천 원에서 4천 원 사이로, 계약 택배보다 저렴한 경우가 많다. 특히 소규모 사업자에게 유리하다. 입고 예정일 전날, 쿠팡 기사님이 직접 창고로 찾아와 물건을 픽업해 간다. 주말과 공휴일을 제외한 대부분의 날짜에 픽업이 가능하다.

2. 단점

밀크런 택배는 일반 계약 택배보다 입고 가능한 날짜가 보통 3~7일 정도 늦는다. 재고를 빠르게 회전시켜야 하는 경우에 불리할 수 있다. 판매자가 기사님 방문 시간에 맞춰 물건을 직접 전달해야 한다. 상주 인원이 필요해서 운영이 복잡해질 수 있다. 예약된 밀크런 택배를 당일 취소하면 페널티가 발생한다. 예기치 않은 상황으로 인해 입고가 늦어지는 경우 추가 비용 부담이 될 수 있다.

3. 방법

신청 방법도 어렵지 않다. Milkrun@coupang.com에 메일을 보내면 되는데, 양식은 다음과 같다.

제목: 밀크런 택배 출고지 신청

업체 코드: A로 시작하는 코드 기재

1. 업체명: OOO

2. 밀크런 이용 출고지: 실제 제품 픽업 오는 장소(사업자 등록증 주소와 달라도 괜찮다.)

3. 출고 진입 가능 차량: 예시) 5톤 트럭

4. 출고 담당자: 본인 이름

5. 출고 담당자 연락처: 본인 휴대폰 번호

6. 영업 시간: 예시) 9:00~22:00

7. 점심시간: 예시) 12:00~13:00

8. 지게차 보유: 없음

9. 팔레트 렌탈사명: 없음

10. 취급 상품: 예시) 생활용품

택배사 선정 기준

택배사의 신뢰도와 안정성도 중요한 요소이다. 손상 없이 안전하게 상품을 배송하는 택배사를 선택하는 것이 중요하다. 택배사의 손상률, 분실률 등을 사전에 확인하고, 신뢰할 수 있는 택배사를 선택해야 한다. 하지만 완벽한 업체는 없다. 초반에는 계약해 주는 곳을 사용하면서 월평균 건수가 5천 건이 넘어가면 조건을 제시한다. 상품 픽업 시간대나 개당 단가, 박스나 테이프 증정 등 옵션이 생긴다. 보통은 두 가지(택배사, 밀크런 택배) 방법으로 판매자 로켓 제품을 쿠팡 물류 센터에 입고하는 편이다.

입고 전에 할 일

입고하기 전에는 바코드를 출력해 부착해야 한다. 나는 X printer와 라벨 거치대를 사용한다. 라벨지(감열지) 사이즈는 60*50이다.

입고 방법

택배 입고는 입고 요청서의 입고 예정일 1일 전까지 생성할 수 있다. 요청이 '승인완료' 된 이후, 이용하시는 택배사를 이용하여 입고할 수 있다. 동일 입고 예정일, 동일 물류 센터 기준으로 최대 9박스까지 입고할 수 있다.

'윙' -> '로켓그로스' -> '입고관리' -> '입고생성하기'

요청할 입고 번호를 검색하고 선택한다.

상품 바코드 상품 바코드 자세히 알아보기

> ⓘ 상품 바코드 오등록으로 인한 상품 회송에 주의하세요!　　　　✕

◉ 쿠팡 바코드를 사용하겠습니다.
○ 표준 바코드를 사용하겠습니다.

날짜와 센터를 정하고 박스 수량과 입고 수량을 기재한다.

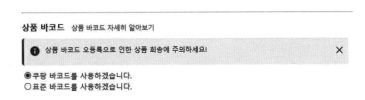

사용하는 택배사(위 사진에서 '동탄1')의 송장을 입력한다.

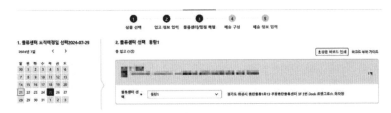

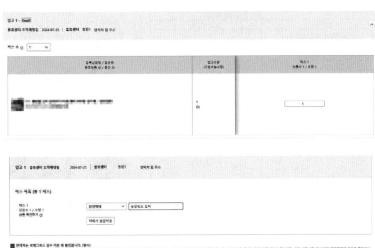

'제출하기'를 누르고, 입고생성이 완료되면 해당 물류 센터에 물건이 배치될 자리를 잡는 것이다.

물류 부착 문서를 인쇄해서 박스 겉면에 부착한다.

최종적으로 박스 위에 붙여야 하는 모양으로, 실제 출고하는 방법이다.

완성된 포장 형태이다. 5~7일 후에 '판매개시'로 표시되면 소비자에게 노출되면서 판매가 시작된다.

바코드 출력

입고 생성을 완료한 제품 코드는 폼텍 또는 아이라벨(A-Label)2로 출력할 수 있다. 폼텍(Formtec)은 라벨지, 명함지, 사진 용지 등 다양한 인쇄용 제품을 제공하는 브랜드이다. 폼텍 제품은 주로 사무용, 개인용, 상업용으로 사용된다. 그러나 고품질 제품이기 때문에 다른 브랜드에 비해 가격이 다소 높을 수 있고, 일부 프린터와 호환이 제한될 수 있다는 단점이 있다.

아이라벨2는 다양한 라벨지와 스티커 제품을 제공하는 브랜드로, 주로 소형 비즈니스와 가정용으로 사용된다. 아이라벨2 사이트에서 살펴볼 수 있으며, 비교적 저렴한 가격으로 다양한 디자인과 크기를 제공해 선택의 폭이 넓다. 하지만 가격이 저렴한 만큼 상대적으로 품질이 떨어져 장기적인 사용이 어려울 수 있다.

그 외

입고일은 출고 예정일 3일 전으로 진행한다. 포장 상태가 불량이거나 바코드가 손상되면 회송되니, 바코드 상태에 신경 써야 한다. 한 박스에 여러 SKU(Stock Keeping Unit, 개별 상품에 대해 사용되는 식별 관리 코드)가 가능하니 잘 정리하자.

입고 시 주의할 점 & 에피소드

택배에 거미나 곤충이 항상 옵션으로 담겨서 온다. 위생 상태를 낙관하지 말 것. 파손되기 쉬운 제품은 항상 개봉하면서 긴장한다. 플라스틱이나 유리 소품 등을 꺼내다가 손을 다치는 경우가 많으니 주의하자.

바쁘더라도 꼭 긴팔을 입고 장갑을 껴야 한다. 전 세계를 항해하는 컨테이너와 먼지로 찌든 박스를 만져야 하기 때문이다. 손톱에 때가 끼고 피부 가려움증이 생길 수 있다. 한번은 옆구리가 터져 입고된 박스에 어느 하역 노동자분의 장갑이 꽂혀 있었다. 다행히 분실 없이 제품 수량은 정확히 맞아서 웃고 넘어갔다.

한번은 주문 수량 대비 박스 개수가 적어 오배송을 직감했다. 다행히 테트리스 장인께서 포장을 하셨는지 모든 제품이 문제없이 도착했다. 세상은 넓고 고수는 많다. 도착 상품은 항상 박스를 개봉하고 개수를 확인하자.

반품 대처 방법

킹스베리를 판매한 적이 있었다. 킹스베리는 고가의 딸기로, 한 알에 거의 만 원 정도 하는 상품이다. 시중에서 쉽게 구할 수 없고, 주로 백화점 고급 과일 코너나 온라인 몇몇 업체에서만 판매한다. 어느 날, 킹스베리를 구매한 고객으로부터 연락을 받았다. 딸기가 8알 중 7알만 왔다는 것이다. 한 알씩 개별 포장하여 신중하게 발송하고 있었기에 고객의 말을 믿을 수 없었다.

수천 개의 딸기를 포장하면서 그런 일은 한 번도 없었다. 속으로는 '그럼 한 알만 다시 보내드릴까요?'라고 하고 싶었지만, 고객과의 신뢰를 유지하는 것이 더 중요하다고 판단했다. 그래서 고객에게 8알을 다시 새 상품으로 보내드렸다. 장기적인 가치를 위해 당장의 손해를 감수해야만 했던 경험이다.

재판매하기

신규 등록 또는 입고 이력이 없는 상품은 반품 후 기본적으로 재판매 옵션이 활성화된다. 반품 상품 중 미개봉, 최상, 상, 중 등급의 상품은 재판매 재고로 전환된다. 재판매 상품은 로켓그로스에서 설정한 권장 할인율이 적용된 가격으로 설정된다. '윙' > '로켓그로스' > '고객 반품 관리' 메뉴에서 재판매 옵션의 활성화/비활성화 및 할인율 변경이 가능하다. 옵션 변경 후 쿠팡 반품 센터에서 처리되는 반품 건부터 새 설정이 적용된다. 재판매 횟수는 제한이 없으므로 반품 재판매 상품이 다시 반품되더라도 동일한 옵션을 적용할 수 있다.

출처(쿠팡 온라인 판매자 문의)

반품 재판매 할인율 설정

1. 할인율 설정 권한: 판매자가 반품 상품의 최종 판매가를 결정한다.

2. 등급별 할인율 관리: '미개봉', '최상', '상', '중' 등 4가지 반품 등급에 대한 할인율을 개별적으로 설정할 수 있다.

3. 기본 할인율: 각 등급에 대한 권장 할인율은 각각 3%, 10%, 15%, 20%로 설정되어 있다.

4. 할인율 변경 절차: 고객 반품 관리 메뉴의 할인율 변경을 통해 할인율을 조정할 수 있으며, 변경된 할인율은 자동으로 반품 재판매 중인 상품에 적용된다.

5. 할인율 설정 권장 사항: 쿠팡은 판매자가 설정한 할인율이 새 상품

05

배지와 동일하게 적용되도록 권장 할인율 이상으로 설정할 것을
추천한다.

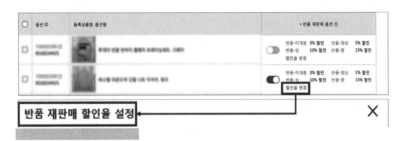

반품 재판매 할인율 설정   ✕

상태 등급	① 반품 재판매 할인율 설정	② 최종 판매가	③ 예상 배지 상태
반품-미개봉	3 % 할인 권장 할인율 3%	50,440	✅ 새상품과 동일 배지 적용
반품-최상	10 % 할인 권장 할인율 10%	46,800	✅ 새상품과 동일 배지 적용
반품-상	15 % 할인 권장 할인율 15%	44,200	✅ 새상품과 동일 배지 적용
반품-중	20 % 할인 권장 할인율 20%	41,600	✅ 새상품과 동일 배지 적용

ⓘ 반품 상품의 배지는 판매자님이 판매하는 등일 새상품(이하 '새상품')의 배지와 동일하게 적용됩니다. 다만, 할인율을 권장할인율 미만으로 설정하거나 새상품이 품절인 경우에는 배지가 부착되지 않을 수 있습니다.

출처(쿠팡 온라인 판매자 문의)

반품 재판매 옵션 일괄 변경

일괄 변경 기능을 통해 한 번에 여러 상품의 반품 재판매 옵션과 할인율을 변경할 수도 있다.

1. 반품 재고 확인

   재고 현황 페이지 확인 경로는 '윙' -> '로켓그로스' -> '재고현황' -> '검색조건변경' -> '상품등급: 반품상품(미개봉, 최상, 상, 중)' -> '검색' 버튼 클릭 시 반품 상품만 정렬하여 확인할 수 있다. '윙' -> '로켓그로스' -> '재고현황' 페이지에서 반품 상품에는 검수 등급에 따른 상품 등급이 표시되어 구분이 가능하다.

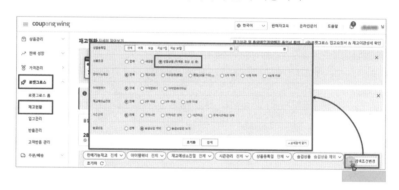

반품 재고 반출

'윙' > '로켓그로스' > '반출관리'에서 원하는 상품을 검색 후 선택하여
반출한다.

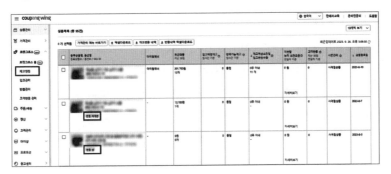

이렇게 하면 반출 완료이다.

최선을 다해도 변수는 존재한다.
고객은 언제든 변심할 수 있으니
일희일비하지 말자.

개인 택배는 본인이 직접 배송 일정을 관리할 수 있어 유연하게 운영이 가능하고 고객 요청에 따라 배송 일정을 조정할 수 있다. 비용도 배송 물량이 많아질수록 줄어든다. 직접 고객과 소통하며 맞춤형 서비스를 제공한다는 장점이 있지만 모든 배송 과정에 대한 책임도 본인에게 있다. 분실, 파손 등의 문제가 발생하면 본인이 해결해야 한다.

CHAPTER6

쿠팡 풀필먼트 서비스 활용

개인 택배는 본인이 직접 배송 일정을 관리할 수 있어 유연하게 운영이 가능하고 고객 요청에 따라 배송 일정을 조정할 수 있다. 비용도 배송 물량이 많아질수록 줄어든다. 직접 고객과 소통하며 맞춤형 서비스를 제공한다는 장점이 있지만 모든 배송 과정에 대한 책임도 본인에게 있다. 분실, 파손 등의 문제가 발생하면 본인이 해결해야 한다.

반면, 쿠팡 풀필먼트(CFS)는 쿠팡의 자동화된 시스템을 통해 주문 처리와 배송이 효율적으로 이루어진다. 대형 물류 인프라를 활용해 신속한 배송이 가능하며, 당일 배송이나 익일 배송 등의 서비스가 제공되어 고객 만족도가 높아진다. 대규모 물량을 처리할 수 있어 개별 배송보다 비용 절감 효과가 크다. CS 부서가 따로 있으므로 배송 문제에 대한 지원을 받을 수도 있다. 판매자는 판매에 집중하고 배송 관련 업무는 쿠팡이 처리한다.

로켓그로스 사용료

로켓그로스(쿠팡 풀필먼트) 사용 요금은 '제품(카테고리 수수료)' + '입출고 요금' + '고객 배송 요금' + '창고 보관 요금'을 모두 합친 값이다. 각 서비스 이용료 항목이나 조건 등은 추후에 얼마든지 변경할 수 있다.

카테고리 수수료

60일 초과되어 보관료 발생

**일반 재고, 분실 또는 파손 및 고객
반품 검수 등급에 따른 보상금액**

입출고 요금

제품이 물류 센터에 도착하면 입고, 하차, 진열 및 상품 판매로 인해 부과되는 요금이다. 개당 부과되며, 사이즈별로 요금이 다르다. 의류는 물류 센터 최초 입고 시 모두 SMALL로 분류되며 입고 후에는 실측 사이즈 기준으로 업데이트 된다.

고객 배송 요금

상품 1개당 부과되는 요금으로, 사이즈별로 다르다. 상품 사이즈 기준은 다음과 같다.

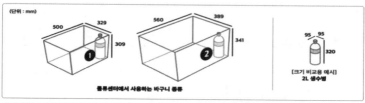

물류센터에서 사용하는 바구니 종류

사이즈 유형	사이즈별 조건 (개별 포장 상품 사이즈 기준)	상품 예시
SMALL	❶ 번 바구니에 3개 이상 적재 가능 & 개별 무게 5kg 이하	귀걸이, 운동화, 화장품 세트, 셔츠, 맨투맨 등
MEDIUM	❶ 번 바구니에 3개 이상 적재 가능 & 개별 무게 5kg 초과 또는, ❶ 번 바구니에 2개 이하 적재 가능 또는, ❷ 번 바구니에 적재 가능	소형 압력솥, 냄비/프라이팬 세트, 접이식 캠핑의자, 15L 쓰레기통 등
LARGE	❷ 번 바구니에 적재 불가	어린이용 킥보드, 3단 접이식 토퍼 매트릭스, 빨래 건조대, 여행용 캐리어 등

*개별 판매 단위 상품 1개 기준 가로+세로+높이 합이 2500mm 이하, 무게가 30kg 이하인 상품만 입고 가능합니다.
*물류센터에서 상품 최초 입고 시 상품의 길이/너비/높이/무게를 측정하며 해당 측정값 기준으로 사이즈가 결정됩니다.

출처(쿠팡 온라인 판매자 문의)

창고 보관 요금

물류 센터에서 상품을 보관하는 공간에 대한 이용료를 지불해야 한다 (부피(m3) x 보관 일수 x 적용 요율). CBM(1m) 단위로 측정되며, 물류 센터에서 상품을 최초 입고할 때 상품의 길이/너비/높이/무게를 측정한다. 물류 센터 위치와 상관없이 진열 완료 시점을 기준으로 보관료가 부과된다. 가장 이전에 진열된 재고부터 출고, 반출이 진행되며 재고 보관일을 기준으로 보관 요금을 계산한다. 현재 매 입고 시 첫 60일 동안 보관료를 면제하는 프로모션이 적용 중이다. (프로모션 내용은 별도 통지 없이 언제든 변경될 수 있다.) 보관일이 60일을 넘는 경우 요금이 비싼 편이다. 60일 안에 판매할 수 있는 물량만 입고하여 판매하는 게 중요하다.

60일 전에는 다음과 같은 요금이지만 이후에는 가격이 달라진다.

❶ 60일 이후 보관 요금은 얼마일까요?

보관요금예시

예시 상품 크기	CBM(m³) 계산 방법
0.05 m 0.26 m 0.32 m	0.26 x 0.32 x 0.05 m = 0.004 CBM
보관 기간	**개당 일일 보관 요금**
61~90 일	0.004 CBM 당 일일 12 원
91~ 일	0.004 CBM 당 일일 20 원

1 CBM 보관 요금

예시 상품 크기	CBM(m³) 계산 방법
1 m 1CBM 1 m 1 m	1 x 1 x 1 m = 1 CBM
보관 기간	**CBM(m³)당 일일 보관 요금**
61~90 일	1 CBM 당 일일 3,000 원
91~ 일	1 CBM 당 일일 5,000 원

[닫기]

출처(쿠팡 온라인 판매자 문의)

**카테고리 및 판매가별
입출고 & 배송 요금 할인 상세**

로켓그로스 수수료 & 요금 요약

1 판매 수수료
판매자배송과 동일 （근

2 입출고 & 배송 요금
상품 카테고리 사이즈 및 판매가에 따라 상이 （근

3 물류센터 보관요금
상품 사이즈 및 보관기간에 따라 상이 （근

카테고리 분류		개별 포장 상품 사이즈	최종 소비자 판매가 구간(이상 ~ 미만)별 요금					
카테고리 선택			입출고 요금	배송 요금	합산 요금(입출고 + 배송)			
1차	2차	실제 기준 보기 （근	5,000원 미만	5,000원~20,000원	20,000원~30,000원	30,000원~40,000원	40,000원~50,000원	50,000원~
Baby Core	Diapering	SMALL	~~4,100~~ 3,500	~~4,100~~ 3,500	4,100	4,100	4,100	4,100
		MEDIUM	~~4,300~~ 3,700	~~4,300~~ 3,700	4,300	4,300	4,300	4,300
		LARGE	~~5,700~~ 5,100	~~5,700~~ 5,100	5,700	5,700	5,700	5,700
Baby Core	Formula	SMALL	~~4,100~~ 3,500	~~4,100~~ 3,500	4,100	4,100	4,100	4,100
		MEDIUM	~~4,300~~ 3,700	~~4,300~~ 3,700	4,300	4,300	4,300	4,300
		LARGE	~~5,700~~ 5,100	~~5,700~~ 5,100	5,700	5,700	5,700	5,700
Baby Core	Wipes	SMALL	~~4,100~~ 3,500	~~4,100~~ 3,050	4,100	4,100	4,100	4,100
		MEDIUM	~~4,300~~ 3,700	~~4,300~~ 3,250	4,300	4,300	4,300	4,300
		LARGE	~~5,700~~ 5,100	~~5,700~~ 4,650	5,700	5,700	5,700	5,700

출처(쿠팡 온라인 판매자 문의)

06

자세한 요금 계산 방법은 '정산' -> '로켓그로스 정산현황' -> 우측 상단 -> '로켓그로스 수수료 요금가이드' 를 참조한다.

입출고 & 배송 요금

카테고리 및 판매가별 요금 할인

판매가별 입출고 요금은 '윙' -> '정산' -> '로켓그로스 정산현황' -> 우측 상단 -> '수수료 요금 가이드'에서 확인할 수 있다.

출처(쿠팡 온라인 판매자 문의)

상품 카테고리에 따라 판매가 4만 원 미만인 경우 배송 요금이 최대 2,000원 할인될 수 있다. 할인 요금은 최종적으로 적용되는 쿠팡 풀필먼

카테고리 분류 카테고리 선택		개별 포장 상품 사이즈 상세 기준 보기 ↗	최종 소비 입출고 요금		
1차	2차		5,000원 미만	5,000원~20,000원	20,000
영유아 필수품	기저귀	SMALL	4,100 3,500	4,100 3,500	
		MEDIUM	4,300 3,700	4,300 3,700	
		LARGE	5,700 5,100	5,700 5,100	
영유아 필수품	분유	SMALL	4,100 3,500	4,100 3,500	
		MEDIUM	4,300 3,700	4,300 3,700	
		LARGE	5,700 5,100	5,700 5,100	
영유아 필수품	물티슈	SMALL	4,100 3,500	4,100 3,050	
		MEDIUM	4,300 3,700	4,300 3,250	
		LARGE	5,700 5,100	5,700 4,650	
영유아 기타용품	유아 세제	SMALL	4,100 3,500	4,100 3,400	
		MEDIUM	4,300 3,700	4,300 3,600	
		LARGE	5,700 5,100	5,700 5,000	
영유아 기타용품	어린이식품	SMALL	4,100 3,500	4,100 3,300	
		MEDIUM	4,300 3,700	4,300 3,500	
		LARGE	5,700 5,100	5,700 4,900	
영유아 기타용품	수유용품	SMALL	4,100 3,500	4,100 2,700	
		MEDIUM	4,300 3,700	4,300 2,900	

트 서비스 할인 금액의 총합이며, 입출고 요금과 배송 요금에서 각각 할인이 적용된다. 각 서비스 이용료 항목이나 적용 조건 등은 추후 변경될 수 있으니 참고하자. 위 사진에서 박스 처리한 카테고리는 할인이 적용되는 제품군이다. 확인 후 할인 제품을 집중 공략(소싱)해도 좋다.

예시) '주걱'을 10,000원에 판매할 시 풀필먼트 요금

선택한 카테고리 : 주방용품 > 조리용품 > 조리도구 > 주걱 [재선택]   판매수수료 : 10.8 %, (VAT 별도, 정률)

풀필먼트 할인 받기 전 마진 계산법은 다음과 같다.

10000-(10000*10.8%(수수료)+2600(입출고 택배비)+0(보관비))*1.1= 5,952원 정산

풀필먼트 할인 적용 마진 계산법은 다음과 같다.

10000-(10000*10.8%(수수료)+4100(입출고 택배비)+0(보관비))*1.1=4,302원 정산

카테고리 및 판매가별 입출고 & 배송 요금 할인 상세

로켓그로스 수수료 & 요금 요약
1 판매 수수료 판매자배송과 동일 ⓑ
2 입출고 & 배송 요금 상품 처리조류 사이즈 및 판매가에 따라 상이
3 물류센터 보관요금 상품 사이즈 및 보관기간에 따라 상이 ⓑ

카테고리 분류 카테고리 선택		개별 포장 상품 사이즈 상세기준 보기 ⓑ	최종 소비자 판매가 구간(이상 ~ 미만)별 요금					
			입출고 요금	배송 요금	합산 요금(입출고 + 배송)			
1차	2차		5,000원 미만	5,000원~20,000원	20,000원~30,000원	30,000원~40,000원	40,000원~50,000원	50,000원~
영유아 필수품	기저귀	SMALL	4,100 3,500	4,100 3,500	4,100	4,100	4,100	4,100
		MEDIUM	4,300 3,700	4,300 3,700	4,300	4,300	4,300	4,300
		LARGE	5,700 5,100	5,700 5,100	5,700	5,700	5,700	5,700
영유아 필수품	분유	SMALL	4,100 3,500	4,100 3,500	4,100	4,100	4,100	4,100
		MEDIUM	4,300 3,700	4,300 3,700	4,300	4,300	4,300	4,300
		LARGE	5,700 5,100	5,700 5,100	5,700	5,700	5,700	5,700
영유아 필수품	물티슈	SMALL	4,100 3,500	4,100 3,050	4,100	4,100	4,100	4,100
		MEDIUM	4,300 3,700	4,300 3,250	4,300	4,300	4,300	4,300
		LARGE	5,700 5,100	5,700 4,650	5,700	5,700	5,700	5,700

출처(쿠팡 온라인 판매자 문의)

단일 상품의 가로, 세로, 높이, 길이의 합이 250cm 이하/무게가 30kg 이내인 상품만 입고 가능하다. 결국 작고 가벼운 제품이 수수료 반영에 유리하다.

재고 관리 기본 원칙

처음 판매자 로켓을 시작했을 때만 해도 입고 권장 수량을 제대로 이해하지 못했다. 특정 상품의 초기 입고 수량을 20개로 설정했지만, 예상보다 빠르게 품절되었다. 재고 부족 상태가 2주 이상 지속되었고, 이로 인해 판매자 랭킹이 크게 하락했다. 이후 검색해도 제품이 노출되지 않았으며, 제품을 구매하지 못해 부정적인 리뷰가 쌓여 품질 지수도 떨어지게 되었다.

이를 통해 재고 관리의 중요성을 절감했다. 입고 권장 수량을 가능한 한 맞추고, 재고가 부족해지기 전에 미리 입고해야 한다는 것을 깨달았다. 이제는 매일 재고를 점검하고, 입고 주기를 고려해 충분한 수량을 입고하며 판매를 안정적으로 유지하게 되었다. 판매자 랭킹과 품질 지수를 유지해 고객 만족도를 높여야 한다. 온라인 판매에서 홍보만큼 중요한 게 재고 관리라는 점을 기억하자.

윙을 통해 기존 상품을 추가 입고한다면, 기존 로켓그로스 섹션의 '입고 요청' 페이지에서 필요한 절차를 진행한다. 이미 등록된 상품에 대해 새로운 등록 절차 없이 입고 요청이 가능하며, 현재 물류 센터에 보관 중인 재고가 있어도 추가로 입고할 수 있다. 입고 가능성은 고객 주문량, 주문 패턴 및 물류 센터의 현재 재고 상태에 따라 결정된다.

입고 권장 수량은 쿠팡이 판매자의 판매 데이터, 입고 주기, 현재 재고 수량 등을 고려하여 쿠팡에서 권장하는 입고 수량이다. 입고 주기에 따라 입고 권장 수량은 증가 또는 감소하며, 입고 주기는 상품별로 다르게 설정될 수 있다. 위 사진의 입고 권장 수량은 판매자 입고 주기(최소 7일) + 입고 소요 기간(평균 7일)을 기준으로 한 수량이니 참고하자.

물류 센터마다 다르지만, 상품을 발송한 후 판매 개시까지 평균적으로 5~10일 정도 소요된다. 물류 센터 초기 입고 수량은 제품마다 다르지만 최소 30개는 입고해야 판매 추이를 알 수 있다. 품절되지 않도록 수시로 재고 수량을 파악하면서 입고해야 한다. 품절인 상태로 최대 2주가 넘어가지 않도록 신경 써야 한다. 판매자 랭킹이나 품질 지수에도 영향을 주기 때문이다.

처음부터 잘하는 사람은 없다. 우여곡절을 통해 성장할지 말지 선택하면 된다.

광고의 순위와 선정은 광고 유형별로 설정된 목표 수익률, 입찰가, 예산을 기준으로 결정된다. 이는 광고가 실시간으로 업데이트되면서 변화한다. 또한 낮은 입찰가를 제시했더라도, 경쟁 상황이나 상품의 반응률이 좋다면 그 상품이 선정될 기회를 얻는다.

CHAPTER7

광고 전략

로켓그로스 광고

광고의 순위와 선정은 광고 유형별로 설정된 목표 수익률, 입찰가, 예산을 기준으로 결정된다. 이는 광고가 실시간으로 업데이트되면서 변화한다. 또한 낮은 입찰가를 제시했더라도, 경쟁 상황이나 상품의 반응률이 좋다면 그 상품이 선정될 기회를 얻는다.

온라인으로 제품을 팔기 위해서는 노출이 필수적이다. 노출이 되지 않으면 고객은 상품이 존재하는지도 알 수 없다. 온라인 노출은 매우 다양한 방법으로 진행되는데, 그중 하나인 광고를 소개하려 한다.

광고의 목적은 상품을 고객에게 알리고 판매를 유도하는 데 있다. 셀 수 없이 많은 상품이 판매되는 시장에서 내 상품이 저절로 선택을 받을 수는 없다. 상품의 경쟁력을 알아보기 위해서는 광고를 통해 노출해 봐야 한다. 고객의 수요와 입맛에 일치한다면 선택을 받게 되어 있다. 판매 데이터를 보면서 경쟁력이 있는지 확인할 수 있다.

쿠팡에서도 마찬가지다. 광고를 효율적으로 진행하면 광고비에 투자하더라도 더한 수익을 낼 수 있고, 이를 통해 판매량이 증가하면 그에 따라 상품 순위가 올라가면서 판매량이 자연히 증가한다. 광고를 돌리지 않아도 될 만큼 판매량이 안정되면 순수익이 그만큼 커지므로 투자한 광고비 이상의 효과를 얻는 것이다.

쿠팡 광고 특징

쿠팡은 클릭 몇 번, 1~2분 내로 광고를 만들 수 있을 정도로 설정이 간편하다. 다른 플랫폼, 예를 들어 네이버나 페이스북의 광고를 만들 때는 여러 가지 변수를 설정해야 하는데 초보자에게는 어려운 부분이다. 네이버의 경우 키워드 설정, 예산 분배, 타겟팅 옵션 등 다양한 변수를 고려해야 하고, 페이스북 광고는 타깃층 세분화, 광고 크리에이티브 제작 등 복잡한 설정을 요구한다. 이에 비해 쿠팡은 간단한 클릭 몇 번으로 광고를 시작해 초보 판매자도 쉽게 접근할 수 있다.

뿐만 아니라 네이버 쇼핑 검색 광고는 입찰가에 따라 상위 노출이 결정되지만, 쿠팡 광고는 입찰가뿐만 아니라 관여도와 판매량도 중요한 요소로 작용한다. 그래서 가장 높은 입찰가를 제시하지 않아도 광고가 상위에 노출될 수 있다. 중소 판매자에게 더 많은 기회를 제공하여 광고 경쟁력을 높인다는 장점이 있다.

쿠팡은 머신러닝을 이용한 로직으로 고객의 행동을 예측하고 개인화된 추천 시스템을 통해 광고를 집행한다. 내부 데이터로 고객의 검색 패턴,

구매 이력, 관심사 등을 분석하여 맞춤형 광고를 제공하는 것이다. 사용자가 정해야 하는 변수가 적기 때문에 광고 설정이 매우 간단하며, 초보자도 쉽게 사용할 수 있다. 사용자가 광고를 세밀하게 컨트롤하기 어렵다는 단점도 있다.

쿠팡 광고의 주요 노출 영역은 검색 영역과 비검색 영역으로 나뉜다. 검색 영역은 고객이 키워드를 검색했을 때 나오는 결과 페이지에서 광고가 노출되는 곳이다. "AD"라고 표시된 상품이 이 영역에서 광고로 노출된다. 비검색 영역은 검색 결과 페이지를 제외한 모든 영역으로 특정 상품의 상세 페이지, 결제 전 페이지 등 다양한 곳에 광고가 노출된다. 적극적인 노출로 고객과의 접점을 제공하여 광고 효과를 높인다.

광고 진행 방법

광고 용어

CPS란 광고를 보고 매출이 발생하면 지불하는 비용이다. CPC는 클릭당 부과되는 비용, ROAS는 광고 수익률로 광고비 투자로 인해 발생하는 전환 매출이다. 예를 들어 광고비가 10만 원인데 매출이 30만 원이라면 ROAS 300%를 달성한 것이다.

광고의 목적

광고의 목적은 상품을 노출해 판매를 유도하는 데 있다. 매출을 올려 상품의 순위를 올리고, 자연 판매로 순이익을 얻고자 광고를 진행한다. 그렇다면 광고를 진행한 후에는 추가로 어떻게 해야 하는가? 광고의 수익률이나 전환율이 높게 나올 경우 공격적으로 광고를 집행하는 게 좋다. 공격적인 광고란 직관적으로 광고비를 증액하는 것이다. 만약 3만 원을 들인 광고라면 10만 원으로 증액해 더 많은 고객들에게 노출한다. 그렇게 되면 기존에 놓친 고객까지도 잡을 수 있어 매출이 증가한다. 만약 타깃을 잘못 잡는다면 수익률이 낮아질 수 있으나, 쿠팡 광고 특성상 매출이 발생하는 쪽으로 광고를 더 몰아주기 때문에 10만 원으로 증액 후 며칠을 지켜봐야 한다. 광고비 증액은 경제적 상황을 고려해 납득 가능한 지점까지 진행한다. 판매량이 올라가는 만큼 상품의 순위도 올라가, 자연 판매가 증가하는 선순환을 기대할 수 있다.

쿠팡 광고 종류

쿠팡 광고는 세 가지 중 하나로 진행된다. AI 스마트 광고와 매출 최적화, 수동 키워드 광고이다. 모두 CPC 광고이며 아이템 위너인 상품들에 대해서만 집행 가능하다는 공통점이 있다. 광고를 시작하기 전에 점검할 부분은 대표 이미지와 상품명, 홍보 문구, 상세 페이지, 리뷰 등이다. 광고로 노출이 잘 되더라도 이 부분이 충족되어야 실구매로 이어진다.

1. AI 스마트 광고

    AI 스마트 광고는 2023년 중순에 소개된 새로운 광고 시스템으로, 등록된 상품 중 매출을 일으킬 만한 상품을 골라서 광고를 해 준다. 이 시스템은 매출 최적화에 중점을 두고, 상품별로 별도의 광고를 집행한다. 예를 들어 판매자가 등록한 10개의 상품 중에서 매출 발생 가능성이 높은 상품에 집중적으로 광고를 집행하여 광고 효율성을 극대화하는 식이다. 이를 통해 판매자는 어떤 상품이 매출을 일으킬 가능성이 높은지 데이터를 기반으로 판단할 수 있다. 매출 발생 가능성이 높은 상품에 집중적으로 광고를 집행하여 광고 예산을 효율적으로 사용하게 한다. 데이터 기반의 접근 방식은 광고의 효과를 극대화하고, 판매자가 광고 전략을 최적화하는 데 중요한 역할을 한다.

단점은 초반에 특정 제품에 광고비가 집중될 수 있다는 점, 광고비를 추가 집행할 수 없다는 점이다. 아무래도 광고 집행에 있어 자율성이 떨어진다. 검색 영역이나 비검색 영역에서 지출을 상품마다 설정하기도 어려우니 참고하자.

2. 매출 최적화(자동 운영- 매출 최적화)

쿠팡 광고 시스템을 활용하는 판매자들의 95%가 편리하다는 이유로 해당 시스템을 이용한다. 오픈마켓의 CPC 광고는 대부분 키워드 광고로, 시스템에 키워드를 입력하여 광고하는 시스템이다. 판매에 유리한 키워드를 찾아야 하고, 적절한 입찰가를 설정해야 하는 번거로움이 있다. 키워드 효율이 나오지 않으면 지우기도 하고 입찰가를 조절해 가며 지속적으로 관리를 해 줘야 한다. 여러 상품을 판매하는 입장에서는 온갖 광고 시스템을 매번 들여다보기 어렵다. 필자 역시 대행을 맡기고 싶다고 생각했다. 실제로 광고 대행사들이 일정 수수료를 받고 대신 관리하기도 한다.

위와 같은 번거로운 과정을 줄이기 위해 쿠팡에서 해당 시스템을 출시했다. 광고의 클릭 수나 판매 정도에 따라 특정 키워드에 집중하거나 높은 광고비를 설정한다. 이렇게 집행하면 판매자가 직접 광고를 만지지 않아도 쿠팡 내부 시스템에서 광고를 집행해 주니 많은 시간을 절약할 수 있다.

광고를 만드는 방법도 간단하다. 쿠팡 홈페이지의 '광고 시스템' -> '광고 만들기' -> '매출성장'에서 만든다. 여기서 중요하게 설정해야 하는 부분은 3가지로 '상품', '일 예산', '목표 광고 수익률'이다. '상품'은 광고하려는 상품을 선택하는 것이다. 쿠팡은 옵션별로 노출되므로 하나의 상품에 옵션이 3가지라고 한다면 3가지 모두 광고를 집행할 수 있다. 상품마다 혹은 사람마다 차이가 있는데 이렇게 옵션이 있는 상품으로 한 번에 광고를 집행하는 경우도 있고, 하나의 옵션만 광고를 집행하는 경우도 있다. 필자는 모든 옵션을 집행해 효율이 나오지 않는 옵션만 광고에서 제외한다. 상품을 선택할 때 '상품 효율 지수'가 표시되는데, 판매가 많이 이루어진 상품일수록 수치가 높다. 처음 판매를 시작하는 상품은 당연히 상품 효율 지수가 낮기 때문에 권장 수준까지 상품을 선택할 필요는 없다. '일 예산'은 최소 1만 원부터 집행 가능하다. 1만 원을 집행할 경우 하루 만에 소진되는지 묻는다면, 상품과 목표 광고 수익률에 따라 다르다. CPC 광고는 소비자가 클릭을 해야 광고비가 책정되기 때문이다. 광고를 처음 생성하자마자 광고비가 소진되지는 않는데, 그 이유는 광고 시스템이 데이터를 취합하여 최적화하는 데 시간이 걸리기 때문이다.

초기 광고비는 얼마나 세팅하는 게 좋을까? 보통은 3만 원을 추천한다. 1만 원을 추천하지 않는 이유는 최적화할 데이터가 너무 적기 때문이다. 일정 수준 이상의 클릭과 구매가 이루어져야 광고 최적화가 용이하다. 실제로 3만 원을 집행했을 때 양과 질 모두 적절하게 집행되는 경우가 많아서 추천한다. 쿠팡은 시간대별로 구매량과 품목에 차이가 있기 때문에 하루 종일 집행하는 게 좋다. 쿠팡 매출 중 약 40%가 오후 6시 이후에 발생한다고 하니 저녁 이후까지도 광고가 돌아가게 하는 것이 중요하다. 특히 로켓그로스를 이용하는 판매자라면 저녁 22시~24시에도 판매가 많이 이뤄지니 24시간 내내 돌아가게 하자.

'목표 광고 수익률'은 목표니까 당연히 9999999%로 해야 하지 않나, 생각할 수 있다. (광고 수익률은 매출/광고비x100(%) 이다.) 그러나 이 값은 CPC 광고에서 키워드 단가를 간접적으로 설정하는 데 이용된다. 목표 광고 수익률이 올라갈수록 쿠팡에서 자동으로 키워드 단가를 낮춘다. 광고 수익률에서 매출은 통제가 불가능하므로 광고비를 줄여 수익률이 올라가도록 설정하는 것이다.

'그러면 광고비를 줄이기 위해 목표 광고 수익률을 높은 값으로 설정하여 진행하면 되는 것이 아닌가?'라고 생각할 수 있는데, 이 경우 CPC 단가가 너무 낮아져 노출 자체가 제대로 되지 않을 수 있다. 쿠팡 광고 시스템은 비검색 영역 노출이 의무이기 때문에, 검색 영역으로 노출되지 않을 경우 광고비가 비검색 영역에서 대부분 소진된다. 어디든 노출만 되면 괜찮다고 생각할 수 있지만, 검색 영역에 비해 광고 효율이 확연히 떨어진다.

초기 목표 광고 수익률을 몇 %로 세팅하는 게 적절한가? 쿠팡은 초기 광고 수익률을 350%로 제안하지만, 필자는 150%로 시작해 며칠간 광고를 집행해 본다. CPC 단가가 높아진 만큼 초기에 350%를 설정해도 노출과 판매가 적절히 일어나지 않아, 광고가 최적화되는 데 시간이 오래 걸리기 때문이다. 150%로 설정할 경우 일일 광고비가 적절히 소진되므로 최소 3일은 150%로 진행한다.

추가로 광고 설정을 위한 '자동 규칙'과 '리타겟팅'을 살펴보자. 자동 규칙은 광고가 예산 부족으로 종료되는 것을 방지하거나 광고를 공격적으로 집행하는 등 다양하게 이용할 수 있다. 하루 종일 보고 있을 수 없으니 광고비가 소진될 때 메일로 받거나, 유동적으로 광고비를 증감할 수 있다. 광고 효율이 좋을 때 신속하게 광고비를 늘려 효율을 극대화하는 것이다.

리타겟팅은 상품이 외부 검색 사이트 및 SNS에서 노출되게 한다. 핸드폰이나 PC를 이용하는 소비자들이 타 웹사이트나 SNS에서 특정 상품에 노출된다면 판매 가능성이 높아질 것이다. 그래도 리타겟팅은 초기 세팅에 사용하지 않는 것을 추천한다. 먼저는 쿠팡 내부적으로 광고를 집행한 뒤 추후에 리타겟팅을 진행하는 편이 좋다.

3. 수동 키워드 광고(직접 입력- 수동 성과형)

수동 키워드 광고는 상품을 선택한 후 키워드 및 입찰가를 직접 설정해야 한다. 키워드 설정이 어려울 경우 '스마트 타겟팅'이라는 시스템을 이용할 수 있는데, 매출 최적화처럼 쿠팡 시스템에서 자동으로 키워드를 추가해 주는 것이다. 입찰가를 모든 키워드에 동일하게 입력할 수 있다. 스마트 타겟팅을 이용하지 않을 경우 '키워드 추가'를 통해 직접 키워드를 입력할 수 있다. 키워드는 최대 500개까지 가능하다. '셀러 라이프'나 '아이템 스카우트' 같은 사이트를 이용하여 연관 키워드를 확인한다. 연관 키워드를 넣는 방식은 판매자마다 천차만별인데 정리하면 3가지 정도이다.

첫 번째는 연관 키워드의 연관 키워드를 타고 가는 방식으로 가장 관련도가 높은 키워드 500개를 채우는 것이다. 넣어 보고 효율이 나오는 키워드만 뽑아 광고를 집행한다. 그러나 연관 키워드를 아무리 많이 뽑아도 매출이 나오는 키워드는 얼마 되지 않는다. 그래서 두 번째 방식은 키워드를 약 20개 정도만 추리는 것이다. 마지막은 사람들이 많이 검색할 만한 키워드로 직접 입력하는 것이다. 주관적으로 선택하는 것이라 추천하지 않으나 이렇게 집행하시는 분들도 있고, 심지어 매출을 많이 내시는 분들이 있어 본인에게 맞는 방식으로 굳힌다.

수동 성과형 광고는 비검색 영역 단가도 설정 가능하다. 최소 100원부터 설정할 수 있다. 브랜드 인지도 광고도 있지만 이는 브랜드를 광고할 때 사용되므로 대부분의 광고는 위 세 가지 방식으로 진행된다. 현재 광고 시스템에서는 '매출 최적화'나 '수동 성과형'이라는 용어가 사라졌지만, 쿠팡 광고를 설명하기 가장 좋은 용어이니 참고로 알아두자.

쿠팡 숏츠 활용

숏츠를 해야 하는 이유

숏츠는 쿠팡 홈, 상품 상세 페이지, 검색 결과 페이지에 노출되는 짧은 영상이다. 최대 5분 이내의 영상으로 소비자에게 노출되며, 녹화된 방송을 편집하여 쿠팡 앱 내 노출시킬 수 있다. VOD는 라이브 방송 종료 후 자동 생성되는 영상으로, 방송 종료 후 편집이 가능하다. 광고 비용은 별도로 없고, 노출이나 클릭으로도 요금이 발생하지 않는다. 숏츠를 통한 구매가 확정되면 윙 판매 수수료 외에 라이브 수수료 5%(부가세 별도)가 부과되는 방식이다.

숏츠는 짧은 영상에 익숙한 소비자들에게 어필하기 좋은 콘텐츠이다. 최신 트렌드와 유행을 빠르게 반영해, 짧고 임팩트 있는 메시지로 단시간에 관심을 끌기 적합하다. 유튜브와 같은 플랫폼에서도 숏츠는 알고리즘에 의해 더 많은 사람에게 노출될 수 있다. 제품이나 서비스의 도달 범위를 자연스럽게 넓혀준다. 좋아요나 댓글, 공유 등의 참여도가 높아지면 브랜드 인지도도 함께 상승한다.

소비자에게 강력한 인상을 남기면 구매 전환율을 높이게 되고, 비교적 짧은 시간과 적은 비용으로 높은 효율을 낼 수 있다. 제품 소개나 사용 후기, 프로모션 안내 등 여러 형식의 광고를 시도할 수 있어 창의적인 마케팅 전략을 수립할 수 있다. 소비자와의 연결을 강화해 그들의 반응을 실시간으로 확인하고 이를 바탕으로 콘텐츠를 수정하거나 개선할 수 있다. 장기적인 충성 고객 확보에 도움이 된다.

숏츠 제작 노하우

초보자도 쉽게 따라할 수 있는 숏츠 제작 노하우를 공개한다.

1. 강렬한 시작

   첫 3초가 중요하다. 시작하자마자 눈길을 끌어야 한다. '당신이 모르고 있었던 놀라운 사실'이나 궁금증을 유발하는 질문 등으로 시작하자. 미리보기로 숏츠의 내용을 간단히 예고해 참여도를 높인다.

2. 짧고 간결하게

   60초 안에 핵심 메시지를 전달한다. 복잡한 미사여구는 빼고 중요한 내용만 담는다. 어렵고 복잡한 표현보다는 간단하고 직관적인 표현을 사용하자.

3. 감각적 요소 활용

   이미지, 동영상 클립, 그래픽 등을 사용해 시각적으로 이야기를 전달하자. 화질이 좋으면 시청자들도 편안하게 영상을 시청한다. 스마트폰 카메라를 사용할 때도 고화질로 촬영하는 게 좋다. 유튜브 오디오 라이브러리에서 무료로 음악을 다운로드하여 분위기에 맞는 배경 음악을 추가한다. 음성은 명확하게 들리도록 녹음하자. 배경 소음을 줄이고, 목소리를 또렷하게 전달해야 한다. 숏츠는 짧고 임팩트 있어야 하므로 지루하지 않게 빠른 컷 편집을 사용하자. 장면 전환을 자주 해서 시청자의 관심을 유지한다.

4. 해시태그와 제목

관련된 해시태그를 사용해 더 많은 시청자에게 도달하는 것이 중요
하다. #숏츠 #짧은영상 #유머 뿐만 아니라 본인 상품과 관련된 해시
태그를 검색하자. 해시태그로 새로운 고객을 유입하고, 매력적인 제
목으로 클릭하게 해야 한다. 잘 팔리는 제품의 숏츠를 참고하자.

숏츠 등록 경로

'wing' 또는 'Supplier Hub' > '쿠팡 라이브' > '숏츠 등록 및 관리' > '숏
츠 등록하기'에서 등록한다.

미리 등록한 상품과 숏츠 영상을 연결한다. 아이템 위너 가격 이하로 설정해야 영상이 노출되며, 가격 변경은 wing '가격관리' 또는 '상품 조회/수정'에서 진행한다. 제목은 앱 내 노출되는 상품명 또는 제목을 넣는다. 내용에 상품 설명을 입력하고, 설명 태그에 상품 연관 해시태그를 넣는다. 원한다면 쿠폰을 생성할 수 있으나 필수는 아니다. 할인 쿠폰 등록을 원하면 '라이브 할인쿠폰 만들기'로 생성한다.

권장하는 영상의 형식은 8초 ~ 5분 길이, 720p 이상의 해상도이다. AVI, FLV, MP4, MOV, WMV/최대 1GB를 활용하면 되는데, 보통은 MP4로 많이 추출한다. 영상은 가로/세로 모두 가능하며, 화면 비율은 가로일 때 16:9, 세로일 때 9:16이어야 한다.

그 외 정보

1. 커버 이미지
   숏츠 영상을 등록하면 영상의 가장 처음 이미지가 커버로 설정된다. 필수 등록은 아니지만 동영상을 대표 할 수 있는 이미지를 사용해 클릭률을 높이는 게 좋다. 이미지 내 텍스트 사용은 삼가야 한다. (권장 JPEG, JPG, PNG)
2. 증빙자료 첨부
   건강기능식품, 특수용도식품, 기능성표시식품 및 의료기기는 심의 결과서를 제출해야 하며, 입식품/수입주방기구는 수입신고확인증과 개별 법령에 따른 영업등록/신고서류를 내야 한다. (권장 PDF, JPG, JPEG, PNG, GIF, ZIP)

3. 사용한 음악

숏츠 영상의 배경음으로 사용된 음원 정보를 기재한다. 음원이 없다면 '사용된 음악 없음'을 선택한다. 만약 음원 정보 없이 등록된 동영상은 별도 안내 없이 삭제되거나 반려된다. 배경 음악은 최대한 가사 없이 담백하게, 저작권이 없거나 상업용 음원을 넣는 게 좋다.

4. 동영상 편집 애플리케이션

사용한 편집 앱이 따로 있다면 사용된 앱을 기입한다. 따로 사용한 앱이 없다면 '사용된 편집 어플리케이션 없음'으로 선택하면 된다.

숏츠 비공개/삭제

올렸던 숏츠 영상을 내리거나 비공개로 전환하고 싶으면 wing -> '쿠팡 라이브' -> '숏츠 등록 및 관리' -> '상세보기' -> '숏츠 숨김'을 진행할 수 있다. 아예 삭제를 원한다면 wing 또는 Supplier Hub -> '쿠팡 라이브' -> '숏츠 등록 및 관리' -> '삭제하기'에서 가능하다.

숏츠 데이터 보기&상세보기

1. 데이터 보기

   업로드된 숏츠의 데이터를 자세히 확인할 수 있다. 확인 가능한 데이터는 총 매출액, 판매 수량, 조회수, 시청자 수, 평균 시청 시간 (분), 공유 수 등이 있으며 반품 및 취소는 데이터에 포함되지 않는다. 총 매출액은 할인율 등 프로모션 가격을 적용하지 않은 총 매출액이다. 순 매출액은 할인율 등 프로모션 가격을 적용한 순수 매출액이며, 판매 수량은 라이브 및 VOD를 시청한 시청자가 구매한 수량이다. 조회수 라이브 영상을 본 고객의 수이고, 시청자 수는 라이브 영상이 시청된 조회수로 중복될 수 있다. 평균 시청 시간과 공유 수로 고객의 참여도를 확인 가능하다. 노출 지수는 고객에게 영상이 노출된 횟수의 총합이다.

2. 상세보기

등록된 숏츠 상세 정보를 확인할 수 있다.

1688 사이트 숏츠 가져오기

앞서 다뤘던 1688은 중국에서 매우 인기 있는 플랫폼으로, 이곳에서 제공하는 숏츠는 중국 시장에서 검증된 콘텐츠이다. 이를 활용하면 중국 소비자의 선호와 트렌드를 반영한 마케팅을 할 수 있다. 영상을 따로 촬영하지 않아도 1688 사이트에 등록된 상품 판매 영상(섬네일 등)으로 등록 가능하다. 섬네일 등을 '다른 이름으로 저장'한 후, 화면 비율 9:16으로 간단하게 편집해 제작한다. 1688 영상 배경 음악은 저작권이 있을 수 있으니 음소거하거나 다른 음악으로 대체해야 한다.

광고 데이터

광고를 집행하고 나면 광고 시스템에서 데이터를 확인할 수 있다. '광고 관리' 탭에서 캠페인별로 진행 상황을 요약해서 보여준다. 당일 누적 광고 비, 집행 광고비, 전체 광고 전환 매출, 광고 수익률, 전환율, 클릭률 등을 확인할 수 있다. 해당 데이터를 통해 상품의 시장 경쟁력을 확인할 수 있고, 진행 방향을 결정하는 중요한 역할을 한다.

이 데이터를 보고 분석하려면 본인 상품의 최소 광고 수익률을 구해서 광고 수익률과 집행하고 있는 광고의 수익률을 확인해야 함

'오늘 누적광고비'는 말 그대로 당일 사용한 광고비를 보여준다. '집행 광고비'는 7일간 집행한 광고 비용을 나타낸다. 광고 시스템은 기본 7일로 설정되며 상단에서 변경 가능하다. '전체 광고 전환 매출'은 광고를 통해 발생한 매출이며, 전체 매출은 상단 탭을 통해 확인하거나 윙 시스템의 판매 통계로 확인한다.

'광고 수익률'은 가장 중요한 지표 중 하나이다. 이를 제대로 분석하려면 본인 상품의 최소 광고 수익률을 구해서 광고 수익률과 집행하고 있는 광고의 수익률을 확인해야 한다.

'최소 광고 수익률'은 (1.1/마진율 X 100)%로 구한다. 광고비가 청구될 때 부가세가 추가로 청구되기 때문에 1.1로 계산한다. 만약 마진율이 25%인 상품이라면 1.1/0.25 X 100 = 440%가 최소 광고 수익률이다. 이 값을 알고 있어야 광고비를 써서 돈을 벌고 있는지, 광고비만 나가는지 대략적으로 확인 가능하다. 상품마다 광고 수익률은 천차만별이므로 반드시 계산을 통해 확인해야 한다.

'전환율'은 클릭당 구매가 이루어진 비율이다. 예를 들어 4%라고 하면 100명이 클릭해서 4건의 구매가 이루어진 것이다. 전환율이 높을수록 구매가 더 잘 일어나는 것으로, 광고를 공격적으로 집행하는 편이 좋다. 매출만이 중요한 지표로 보일 수 있지만, 전환율도 중요한 지표 중 하나이다. 필자도 테스트를 거쳐 전환율 4% 이상의 상품을 가져간다. '클릭률'은 상품 노출 시 클릭 비율을 의미한다. 평균적으로 0.2% 정도이다. 그보다 낮은 값이라면 섬네일을 변경하는 것을 추천한다. 섬네일이라는 1차 관문에서 고객에게 어필되지 않아 유입되지 않을 수도 있다.

광고 보고서

광고 보고서는 광고 캠페인의 성과를 객관적으로 평가할 수 있는 데이터를 제공한다. 이를 통해 어떤 광고가 효과적이고, 어떤 광고가 그렇지 않은지 알 수 있다. 광고 보고서를 통해 각 광고 캠페인에 사용된 비용 대비 효과를 파악하여 예산을 효율적으로 운용하게 한다. 나아가 어떤 타깃 그룹이 광고에 더 잘 반응하는지 확인 가능하다. 이를 기반으로 타겟팅 전략을 수정하고 최적화한다. 보고서를 그냥 보는 게 아니라 각 캠페인의 ROI(투자 수익률)를 계산할 수 있다. 경영진에게 광고 비용 대비 수익을 설명할 때 중요한 자료이다. 어떤 채널이 가장 효과적인지, 어떤 메시지가 가장 반응이 좋은지 등을 파악해 미래의 광고 전략을 수립하는 데 필요한 인사이트를 얻는 것이다.

그러나 보고서가 꼭 좋은 결과만을 가져오지는 않는다. 어떤 광고가 효과적인지 제대로 파악하지 못해 예산을 비효율적으로 사용할 수도 있기 때문이다. 광고 캠페인의 성공 여부도 정확히 평가할 수 없으므로 잘못된 결정을 내릴 위험이 있다. 타깃이나 투자 대비 수익률 역시 신중하게 분석해야 한다. 객관적인 데이터를 기반으로 전략을 수립하는 것이 좋지만, 데이터 분석을 어떻게 하느냐에 따라 양날의 검이 될 수 있다.

광고 보고서를 생성하는 방법은 다음과 같다.
1. 위치
   'Wing' 또는 'Supplier Hub' -> '광고 관리' -> '광고 보고서' -> '상품 광고 보고서'
2. 보고서 기간
   확인하고자 하는 보고서 기간을 직접 선택한다. 지난주, 지난달 혹은 원하는 만큼 기간을 설정할 수 있다. 한 번에 최장 31일까지 확인 가능하다.
3. 기간 구분
   생성할 보고서 내에서 확인할 데이터 기간 형식을 설정한다. '합계'는 선택한 기간의 광고 결과 데이터를 합산하여 제공하고, '일별'은 선택한 기간의 광고 결과 데이터를 일별로 분리하여 제공한다.

4. 캠페인 선택

결과를 확인하고 싶은 광고 캠페인을 전체 또는 일부 선택한다.

5. 보고서 구조

원하는 광고 결과 데이터 수준을 결정한다. 기간 구분을 '일별'로 설정한 경우, 보고서 구조를 추가로 선택할 수 있다. 캠페인 수준부터 상세 키워드별 결과까지 확인 가능하다. 유의미한 데이터만 확인하고 싶다면 '클릭이 발생한 키워드만 보고서에 포함'을 선택하자.

광고 보고서

진행한 모든 광고에 대한 상세 결과 데이터를 확인할 수 있습니다.

③ 🏠 **광고 보고서**   광고비 정산 보고서   맞춤 보고서

쿠팡 광고상품 보고서 선택 ④

쿠팡 상품광고 보고서

쿠팡 상품광고 운영 결과 데이터를 기간별로 상세하게 확인할 수 있습니다.

보고서 기간
- ○ 지난주 (07월 15일 ~ 07월 21일)
- ○ 지난달 (06월) ⑤
- ● 기간 설정   07월 08일   –   07월 22일   ⑦

기간 구분

일별 ▼

캠페인 선택 ⑥

선택된 캠페인 (2) ▼

보고서 구조
- ○ 캠페인
- ○ 캠페인 > 광고그룹
- ○ 캠페인 > 광고그룹 > 상품
- ● 캠페인 > 광고그룹 > 상품 > 키워드
  - ☑ 클릭이 발생한 키워드만 보고서에 포함

보고서 만들기 ⑦

Sidebar:

coupang ads

미사유통

wing   *SUPPLIER HUB*

업체 코드   A00343808
계정권한   관리자

⊕ 광고 만들기

□□ 광고요약
① □ 광고관리
◎ 추천
◎ 브랜드존
📄 상세페이지 관리
② 📖 광고보고서
🔧 자동규칙

쿠팡 판매자 사이트
쿠팡 Wing ↗
쿠팡 Supplier Hub ↗

파일을 처음 다운받으면 데이터가 복잡하게 나열된 것을 확인할 수 있다. 분산된 데이터를 쉽게 보려면 엑셀의 피벗 테이블을 활용해야 한다.

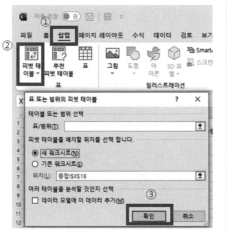

엑셀 상단의 '삽입' -> '피벗 테이블' -> '확인' -> '피벗 테이블 필드'에서 '키워드', '노출 수', '클릭 수', '광고비'를 클릭한다. 피벗 테이블을 만들어 '행'에 키워드, '값'에 노출 수, 클릭 수, 광고비, 총 판매 수량(14일), 총 전환 매출액(14일)을 설정한다. 새로운 시트에 피벗 데이터 시트 전체 복사 후 값만 붙여넣고 첫 행(광고비)을 내림차순으로 정렬한다. 노출 수, 클릭 수 사이에 열을 2개 삽입한다.

광고 보고서 편집

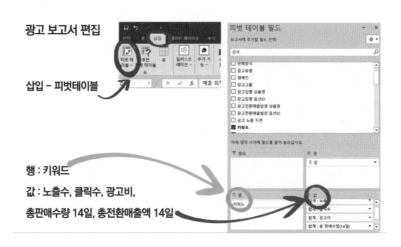

삽입 – 피벗테이블

행 : 키워드

값 : 노출수, 클릭수, 광고비,

총판매수량 14일, 총전환매출액 14일

- 새로운 시트에 피벗데이터시트 전체복사 후 값만 붙여넣기

- 첫행 필터걸기

- 광고비 내림차순 정렬

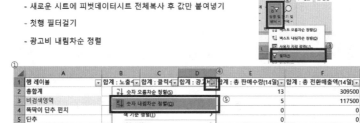

행 레이블	합계: 노출	합계: 클릭	합계: 광고비	합계: 총 판매수량(14일)	합계: 총 전환매출액(14일)
총합계	숫자 오름차순 정렬(S)			13	309500
비검색영역	숫자 내림차순 정렬(O)			5	117500
똑딱이 단추 펀치				0	0
단추	색 기준 정렬(T)			0	0
똑딱이 단추	시트 보기(V)			1	24000

행 레이블	CPC	ROAS	계: 노출	클릭	합계: 광고비	클릭율	계: 종 전환매출액(14일)	합계: 종 판매수량(14일)
	₩ 130	508%	2660146	3142	409651	152.0788419	2079100	95
	₩ 114	466%	2614058	1673	190001	0.004817161	885400	40
	₩ 165	323%	4290	186	30671	0.12237338	99200	4
	₩ 156	414%	11233	86	13422	0.027029538	55500	3
	₩ 177	366%	1434	63	11846	0.134199607	43300	2
	₩ 241	1181%	398	35	9397	0.129092703	111000	6
	₩ 143	2379%	2250	43	6737	0.077449976	160300	7
	₩ 139	870%	1346	41	5702	0.085061112	49600	2
	₩ 125	0%	672	44	5493	0.065476194	0	0
	₩ 156	1723%	502	34	5317	0.131546609	91600	4
	₩ 149	466%	1004	33	4912	0.10652084	22900	1
	₩ 182	0%	486	26	4724	0.053497944	0	0
	₩ 232	1259%	423	17	3940	0.040189125	49600	2

➡️ **광고비만 잡아먹는 쓸모없는 키워드 제외하기**

➡️ **ROAS 높은 제품 수동 키워드로 CPC 올리기**

ROAS가 높은 제품을 선별해 수동 키워드로 CPC를 올려야 한다. 2주에 한 번은 보고서를 꼭 확인하자. 그래야 광고비가 어디로 나가는지 눈으로 확인할 수 있다.

권동동의 광고 세팅 순서

1. 광고 테스트하기
   목표 광고 수익률 1,000%로, 하루 예산 3만 원에 해당하는 AI 스마트 광고를 집행한다. 데이터를 확인한 후 판매가 일어나는 상품을 따로 빼서 본격적인 광고를 시작한다.

2. 테스트 없이 그로스 입고 상품 판매하기
   하나의 캠페인에서는 하나의 상품만 광고를 집행한다. 옵션이 다양할 경우 모든 옵션을 하나의 캠페인으로 진행한다. 광고비는 3만 원, 목표 광고 수익률은 150%로 최소 3일 이상 지켜본다. 3일 후 해당 상품의 최소 ROAS로 목표 광고 수익률을 설정한다. 해당 상품 전체 매출과 광고비를 데일리로 비교(전체 매출에 대한 광고 수익률 계산)한다. '전체 매출에 대한 광고 수익률' ≥ '최소 ROAS'라면 광고비를 올린다. '전체 매출에 대한 광고 수익률' ≤ '최소 ROAS'라면 광고비를 내리거나, 해당 상품을 버리고 다른 상품을 찾는다.
   광고 수익률을 최적화하기 위한 변수는 3가지로 광고비, 목표 광고 수익률, 판매 가격이다. 하루 광고비 설정에 따라 쿠팡 광고 로직의 타깃이 달라진다. 광고비 금액이 높을수록 타깃이 많아지고 그만큼 매출이 높아질 수 있다. 광고비를 적게 설정하면 타깃이 좁아져 광고가 소극적으로 돌아간다. 목표 광고 수익률은 CPC 단가 및 타깃의 범위를 지정해 준다. 판매 가격은 결과적으로 전환율과도 관련이 있어 마진 고려를 잘해야 한다. 위 세 가지를 조절해 가며 최적의 광고 세팅을 할 수 있다.

3. 소싱 제품 모두 같은 캠페인으로 3~5일 테스트하기
    키워드도 같이 묶이니까 테스트는 문제 없다. 본인의 직감을 믿을 게 아니라 데이터를 믿자. 노출 수와 유입 수를 확인하고 가져온다. '광고 보고서'에서 생각지 못한 유입 키워드도 확인할 수 있다.

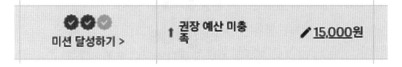

3만 원 이하는 무조건 '미충족' 메시지가 뜨지만 무시한다. 선별한 제품은 물류 센터에 입고 후 매출 최적화 광고를 집행한다. 이를 집행하면서 광고 예산이 언제 소진되는지 알기 위해서는 위에서 언급한 '자동 규칙'을 활용한다. 골든 타임 전에 예산이 소진되어 중요한 판매 타이밍을 놓치지 않도록 하는 것이다. 광고가 꺼지지 않고 지속적으로 노출되어야 판매에 도움이 된다.

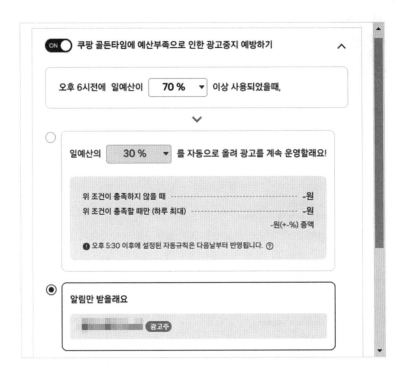

이렇게 광고가 언제 꺼지는지 알람을 받는다. 광고가 꺼지는 시간을 대략 알게 되면 광고비 집행을 조금 더 효율적으로 할 수 있다. 최소 3~4일은 시간을 메모해 두자.

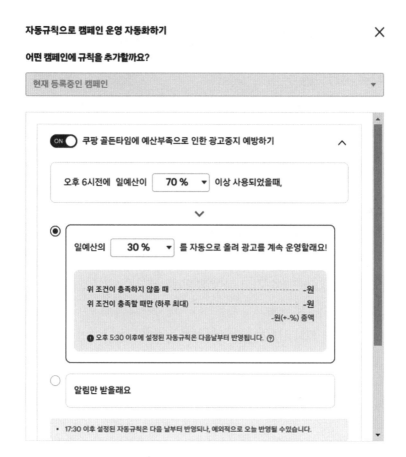

이 세팅을 해야 비효율적으로 광고비가 소진되는 걸 막을 수 있다. 소비자들은 '내일 도착 보장'에 익숙해져 있기 때문에 저녁 시간에도 구매가 많이 일어난다. 실제로 소비가 가장 많이 이루어지는 시간도 오후 6~12시라고 한다. 그래서 이 시간대에는 광고가 집행되고 있어야 한다.

할인 및 무료 프로모션 운영

무료 프로모션

쿠팡에서는 판매자들이 자신의 상품을 프로모션 영역에 노출할 수 있는 기능을 제공한다. 판매자는 프로모션 페이지에서 자신의 상품을 선별하고 가격, 수량, 배송비를 결정하여 프로모션에 참여 신청을 할 수 있다. 신청된 프로모션은 쿠팡 운영진의 심사를 거친 후, 주요 위치(예: 쿠팡 홈의 '오늘의 판매자 특가' 위젯, 골드 박스, '지금 할인중' 구좌, 카테고리 홈영역)에 무료로 노출되며, 이는 상품 상세 페이지와 검색 결과 페이지 하단의 특가 영역, 그리고 장바구니 하단의 할인 상품 영역에도 영향을 미친다. 프로모션 가격은 판매자가 직접 정하며, 설정된 가격과 실제 상품 가격의 차이는 할인 쿠폰 형태로 제공되어 판매자가 부담해야 한다. 현재 로켓배송 상품에 대한 프로모션은 진행되지 않으며, 로켓그로스 상품의 특정 노출 위치는 제한될 수 있음을 유의해야 한다.

출처(쿠팡 온라인 판매자 문의)

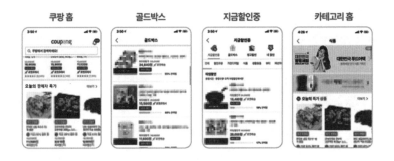

1. 프로모션 진행 조건

무료 노출 프로모션 기능은 활성화된 판매자들만 이용할 수 있으며, 프로모션에 참여할 수 있는 상품만 목록에 표시된다. 프로모션을 진행하는 동안, 판매자는 자동으로 가격이 조정되도록 설정해야 하며, 사전에 설정하지 않았더라도 신청 과정에서 자동으로 활성화된다.

무료로 쿠팡 메인 노출 기회를 잡아보세요!

프로모션 지원 가능한 상품은 매일 업데이트됩니다.
계속 도전해 쿠팡의 수많은 고객을 만나보세요!

> 무료로 프로모션 신청하기

2. 프로모션 상품 기준

쿠팡은 최근 14일 동안 5개 이상의 판매가 이루어진 상품을 대상으로 매일 프로모션 타깃 상품을 업데이트한다. 상품이나 가격이 변동되어도 해당 기준에는 영향을 미치지 않는다. 그러나 번들 상품의 경우 정확한 가격 비교가 어려워, 무료 노출 프로모션에서는 대상에서 제외된다. 출고에 필요한 기간이 2일 이내여야만 신청 가능하며, 이를 초과할 경우 반려될 수 있다. 심사 과정은 평일 기준 1일에서 최대 7일까지 걸릴 수 있고, 만약 7일이 지났는데도 여전히 심사 중이라면 프로모션의 상태(심사 중)와 상품 정보, 신청 일시를 기재해 온라인으로 문의하자.

프로모션 기간에는 와우 회원만을 대상으로 한 즉시 할인 쿠폰이 제공된다. 할인 쿠폰의 예산이 충분하지 않을 경우, 프로모션 가격과 수량을 기반으로 예산이 자동 조정된다. 무료로 제공되는 프로모션 예산은 할인된 가격과 수량을 고려하여, 월 최대 5천만 원까지 설정할 수 있다. 프로모션 기간 매출 증대에 효과적인 다른 전략은 타겟팅, 광고 캠페인 최적화, 소셜 미디어와 인플루언서 마케팅을 활용하는 방법 등이 있다. 고객에게 맞춤화된 쇼핑 경험을 제공하여 구매를 유도할 수 있다.

3. 프로모션 상품 카테고리

현재 식품, 뷰티, 출산 및 유아동, 주방용품, 생활용품, 가구 및 홈데코, 가전 및 디지털, 스포츠 및 레저, 자동차용품, 완구 및 취미, 반려동물용품, 그리고 문구류에서 쿠팡이 직접 추천하는 상품만 프로모션 신청이 가능하다. 향후 범위가 확장될 예정이며, 문구류에서 로켓그로스 상품은 제외한다(2024년 3월 7일 기준).

등록상품명, 옵션명	현재 판매가 (배송비)	프로모션 할인율 ⑦
	30,780원 (0원)	5% 할인 (29,240원) 스마트 요청
	40,990원 (0원)	5% 할인 (38,940원) 스마트 요청
	42,770원 (0원)	5% 할인 (40,630원) 스마트 요청
	34,470원 (0원)	5% 할인 (32,740원) 스마트 요청

무료 프로모션 할인율은 5~20%까지 진행되며 보통 판매자가 정한 재고가 소진될 때까지 진행한다. 판매량이 적으면 일찍 종료되는 경우도 있으며, 판매 결과는 메일로 받을 수 있다.

고객 리뷰 관리

우연히 구매 대행을 통해 불상을 판매하게 되었다. 대부분 해외에서 들여오기 때문에 2~3주를 기다려야 하지만, 그만큼 독특하고 특별한 제품들을 고객에게 제공할 기회였다. 처음에는 일반 고객들이 주로 구매했지만, 시간이 지날수록 불교 사찰에서도 주문이 들어왔다. 상품에 대한 문의가 점점 다양해지면서 결국 불상의 이름과 종류에 관해 공부하기 시작했다. 나도 모르게 불교의 깊은 세계에 발을 들이는 것 같아 언젠가 스님이 되려나, 싶을 정도였다.

어느 날 한 고객이 불상을 주문했는데, 불행히도 배송 중 목이 부러져 도착했다는 소식을 전해 들었다. 고객은 전화로 그 불상이 가지고 있는 상징적 의미를 설명하면서 더욱 절망했다. 손상된 불상을 교체해 주겠다고 약속한 후 더 좋은 품질의 불상을 찾아 보내 드렸다. 물건을 넘어 그 물건이 갖는 정서적, 영적 가치까지도 고려해야 하며, 피드백에 발 빠르게 대처해야 한다는 교훈을 얻었다.

구매가 확정된 후, 고객은 상품의 질과 판매자의 서비스를 평가하는 상품 리뷰를 작성한다. 이때 고객의 피드백은 상품 리뷰와 판매자 평가로 나

뉘어 표시된다. 전자는 상품의 품질 만족도를 별점과 텍스트로 남기고, 후
자는 배송, 포장, 고객 응대 등 판매자 서비스에 대한 만족도를 '좋아요' 혹
은 '싫어요'와 함께 텍스트로 표현한다.

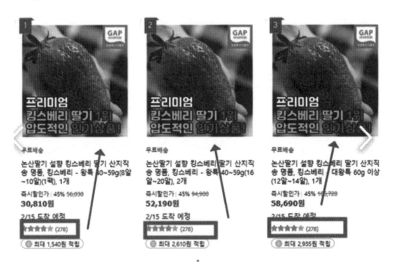

*실제 상품을 1등으로 판매하고 남긴 사진이다.

리뷰가 많은 판매자 제품이 아무래도 소비자의 선택을 받을 확률이 높
다. 다른 구매자들의 리뷰를 통해 정보를 얻어 해당 제품과 판매자에 대한
신뢰도가 높아지기 때문이다. 리뷰가 많은 제품은 인기 제품으로 인식되
어 노출량과 판매량이 오를 수밖에 없다. 구매자에게만 도움이 되는 것이
아니라 리뷰를 통해 판매자도 피드백을 얻고 품질과 서비스를 개선할 수
있다.

리뷰는 판매자 리뷰와 판매자 서비스 만족도가 있다. 판매자 리뷰는 구
매자가 제공받은 서비스 전반에 대해 자신의 견해를 나타내는 것으로, 배
송, 포장, 고객 서비스, 가격, 유통 기한 등 여러 요소를 포함한다. 구매가

완료된 후, 고객은 판매자와 제품에 대한 평가를 직접 작성할 수 있다. 판매자 서비스 만족도는 구매자가 남긴 리뷰를 기반으로 하여 나타나는 지표이다. 고객이 직접 작성한 리뷰에 기반한 평가로, 판매자의 점수나 상품 리뷰, 별점 등과는 별개이다. 판매자 서비스 만족도는 최소 15개의 리뷰가 있을 때 표시되며, 이를 통해 판매자의 서비스 품질을 간접적으로 파악할 수 있다.

자연스럽게 리뷰를 기다릴 수도 있지만 적극적으로 모으는 방법도 있다. 리뷰가 없이 판매를 처음 시작할 때는 지인이나 친구들에게 구매 후기를 부탁할 수 있다. 가격이 비싸긴 하지만 쿠팡의 '체험단 프로그램'은 선별된 고객 체험단이 실제 사용 경험을 바탕으로 진실한 리뷰를 제공하며, 아직 제품을 구매하지 않은 고객들의 결정을 돕고, 제품의 매출과 인지도를 증가시킨다. 체험단 상품당 샘플은 최대 10개로 한정되어 있다.

리뷰를 적절히 활용하여 상품에 대한 고객의 이해를 돕고, 탄탄하게 쌓인 신뢰를 바탕으로 상품을 판매한다. 매출이 올라갈수록 공격적인 광고를 위한 자본이 마련되니, 신규 고객을 유입하면서 다시 새로운 리뷰를 쌓는다. 리뷰가 쌓일수록 광고와 판매, 이익의 선순환이 일어날 것이다.

우리의 마음이 있는 곳에 몸이 먼저 가 있기 마련이다. 기다리는 사람은 움직이는 사람을 쫓을 수밖에 없다.

한때 새로운 제품이 대박 나면서 판매량이 급증하고 엄청난 수익을 올렸던 적이 있다. 성공에 도취한 나머지 추가 재고 확보, 마케팅 비용 증가, 직원 보너스 지급 등으로 수익을 분배했지만, 재무 계획이 체계적이지 않아 문제가 생기기 시작했다.

CHAPTER8

판매수익 및 정산관리

한때 새로운 제품이 대박 나면서 판매량이 급증하고 엄청난 수익을 올렸던 적이 있다. 성공에 도취한 나머지 추가 재고 확보, 마케팅 비용 증가, 직원 보너스 지급 등으로 수익을 분배했지만, 재무 계획이 체계적이지 않아 문제가 생기기 시작했다. 재고를 과하게 확보하다 보니 자금이 재고에 묶여버리고, 현금 흐름에 문제가 발생했다. 검증되지 않은 채널에 마케팅 비용도 지출했지만, 기대만큼의 성과를 내지 못했다. 결국 자금 부족으로 운영에 차질이 생기며 판매가 감소하게 되었다. 이 경험을 통해 수익 관리의 중요성을 절감했고, 이후 철저한 재무 계획과 현금 흐름 관리를 통해 비즈니스를 운영하게 되었다. 실수를 교훈 삼아 신중하게 사업을 이어가고 있다.

정산 대금 신청 및 관리

쿠팡에서 월 매출이 100만 원 이상일 경우 서비스 이용료 5만 원(부가세 별도)이 부과된다. 정산 유형은 마켓플레이스와 동일하게 월 정산과 주 정산이 있다. 월 정산은 월 판매 마감일 D+20 영업일(100%)에 지급한다. 주 정산은 1, 2차에 걸쳐서 지급되는데 1차는 주 판매 마감일 D+20 영업일(70%)에 지급되고, 차액은 판매 마감일 해당월의 익익월 영업일 기준 1일(30%)에 들어온다.

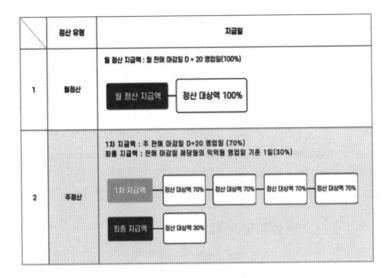

	정산 유형	지급일
1	월정산	월 정산 지급액 : 월 판매 마감일 D + 20 영업일(100%) [월 정산 지급액] — [정산 대상액 100%]
2	주정산	1차 지급액 : 주 판매 마감일 D+20 영업일 (70%) 최종 지급액 : 판매 마감일 해당월의 익익월 영업일 기준 1일(30%) [1차 지급액] — [정산 대상액 70%] [정산 대상액 70%] [정산 대상액 70%] [정산 대상액 70%] [최종 지급액] — [정산 대상액 30%]

세금 신고 및 자료 확인

로켓그로스 상품의 부가가치세 신고

'윙' -> '정산' -> '부가세 신고내역' -> '로켓그로스 부가세 신고내역(결제완료)' > '부가세 신고내역 매출 인식 월별조회' -> '다운로드'를 통해 확인한다. '결제수단별 매출내역'과 총 합산 내역 다운로드 없이 바로 확인 가능하다. '주문별 매출 상세내역'은 월별로 각각 다운로드할 수 있다.

부가세 신고 엑셀 파일 예시

E열에서 'TAX'와 'FREE' 표기를 통해 상품이 과세 대상인지, 면세 대상인지를 알 수 있다. 이 분류는 윙 플랫폼의 '상품관리' 메뉴에서 상품을 등록할 때, 상품의 주요 정보 부문 내에서 선택한 부가세 옵션에 따라 결정된다. H열은 모바일 결제(휴대전화 소액 결제), 캐시, 쿠폰 등의 정보를 포함하고 있으며, 이는(총 매출액-신용카드 결제액-현금영수증 발행액)을 통해 계산된다. 판매자가 직접 발행한 할인 쿠폰은 부가세 신고 대상에서 제외되며, 쿠팡이 발행한 쿠폰은 부가세 신고 대상에 포함되니 참고하자. 구체적인 할인 쿠폰 유형은 '판매 수수료 리포트'를 다운로드 하면 확인할 수 있다.

나아가야 할 방향과 목표를 분명하다면, 매일 매일의 노력에 집중하자.

상표권은 제품이나 서비스를 구별할 수 있는 이름, 로고, 슬로건 등을 보호해 주는 권리다. 예를 들어, "스타벅스"라는 브랜드명이나 로고는 해당 기업만 사용할 수 있도록 법적으로 보호하는 역할이다.

성공적인 행복찾기

CHAPTER9

상표권은 제품이나 서비스를 구별할 수 있는 이름, 로고, 슬로건 등을 보호해 주는 권리다. 예를 들어, "스타벅스"라는 브랜드명이나 로고는 해당 기업만 사용할 수 있도록 법적으로 보호하는 역할이다.

상표권을 출원해야 하는 이유

당신이 "맛있는 커피"라는 이름으로 카페를 운영하고 있다고 해 보자. 상표권을 출원하지 않으면 다른 사람이 "맛있는 커피"라는 이름을 사용해도 법적으로 막을 수 없다. 하지만 상표권을 출원했다면 같은 이름을 사용하는 다른 판매자를 제재하고 배타적인 권리를 인정받을 수 있다. 누군가본인 상표를 무단으로 사용하는 것을 막을 수 있고, 만약 누군가가 당신의 상표를 도용하면 법적으로 대응할 수 있는 권리가 생기는 것이다.

상표권이 있으면 소비자들에게 신뢰를 줄 수 있다. 등록된 상표는 공식적인 느낌을 주며, 소비자들이 믿고 구매할 수 있는 장치가 생기는 것이다. 브랜드의 신뢰성이 높아지면 더 많은 고객을 끌어올 수 있다. 나아가상표권이 있으면 사업을 확장할 때 유리하다. 특히 프랜차이즈를 운영하거나 해외로 사업을 확장할 때 중요하다. 상표권은 무형 자산으로서 사업의 가치에 포함되기도 한다. 상표권으로 사업의 가치를 높여, 이후 사업을 매각하거나 투자 유치를 할 때 상표권이 큰 도움이 된다.

상표권 등록 방법

1. 상표 조사
   상표권을 출원하기 전에 상표가 이미 등록되어 있는지 조사한다.

한국 특허청(KIPO) 홈페이지에서 검색할 수 있으며, 상표가 중복되지 않게 하는 중요한 단계이다.

2. 상표 출원 준비

보호받고자 하는 상표(로고, 이름 등)를 결정하고 출원서, 상표 도안, 상품/서비스 분류표 등을 준비한다. 상표 도안은 흑백 또는 컬러로 제출할 수 있다.

3. 출원 제출

한국 특허청에 출원서를 제출한다. 온라인으로 제출할 수 있으며, 제출 후 출원 번호를 받고 출원비를 납부해야 한다. 비용은 상표의 유형과 출원하는 상품/서비스의 수에 따라 달라질 수 있다.

4. 심사 과정

출원서가 형식적으로 적합한지 심사한다. 서류에 문제가 있으면 보정 명령을 받을 수 있다. 실체 심사는 상표가 법적 요건을 충족하는지 심사한다. 기존 상표와의 유사성, 상표의 식별력, 공공질서 위반 여부 등을 검토한다. 실체 심사를 통과하면 상표가 공개된다. 이 때부터 2개월 동안 누구나 이의 신청을 할 수 있다.

5. 등록 결정

이의 신청 기간 경과 후 이의가 없거나 기각되면 등록이 결정된다. 이후 등록료를 납부하면 상표 등록이 완료된다. 등록료 납부하면 상표 등록증을 받을 수 있다. 이 등록증은 상표권의 법적 보호를 증명하는 중요한 문서이다.

추가 팁

상표 등록 절차는 복잡할 수 있으므로, 변리사나 상표법 전문가의 도움을 받는 것이 좋다. 상표권은 10년간 유효하며, 만료 전에 갱신해야 한다. 갱신하지 않으면 상표권이 소멸할 수 있다. 해외에서도 상표를 보호하고 싶다면 마드리드 프로토콜을 통해 국제 출원을 고려할 수 있다.

상표권은 우선 출원으로 신청해도 빠르면 8개월~1년 6개월까지 소요된다. 만약 상표가 특정 제품을 칭하는 상표라면 추후에 제품을 판매할 때 곤란해질 수 있다. 예를 들어 과일을 판매한다고 "유기농 과일 정원" 같은 상호로 상표권을 출원하면 다른 제품을 판매할 때 해당 상표를 쓰기 어렵다. 그러니 특정 카테고리만 포함하는 지엽적인 상호는 추천하지 않는다.

상표권 출원 후 상세 페이지 등록 예시

고객의 신뢰를 얻기 위해 상표권을 가진 상품이라는 사실을 언급하는 게 좋다. 상세 페이지에 해당 내용을 추가해 강조하자. 상표권 등록 사진을 첨부하거나 상표권과 로고 사진을 만들어 첨부한다.

저작권을 등록해야 하는 이유

저작권은 생각이나 감정이 표현된 결과물에 대한 권리다. 저작권 등록은 창작물에 대한 법적 보호를 강화하며, 등록된 저작물은 법적 분쟁 시 중요한 증거로 활용될 수 있다. 창작자의 권리를 더 강하게 보호하는 역할이다.

로고 사진

상표권+로고 사진을
상세페이지 하단에 첨부해주세요

저작권 등록 방법

한국 저작권 위원회 저작권 등록 사이트에서 등록할 수 있다. 큰 카테고리의 '일반저작물 등록'을 클릭하자. 회원가입 후 신청서에 정보를 기입해 신청을 완료한다.

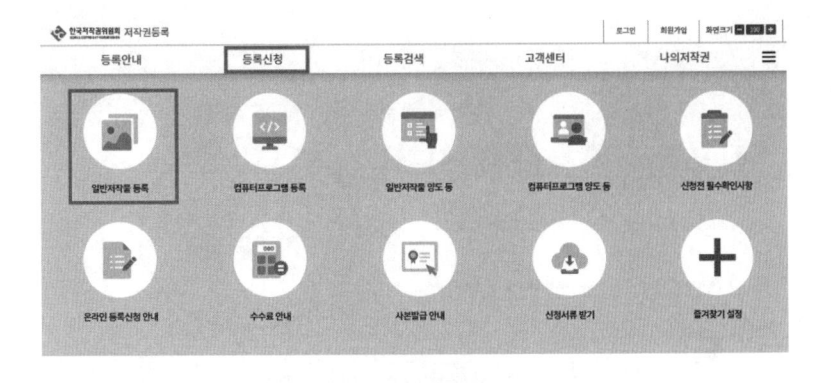

저작권등록신청서

※ □ 에는 V표를 합니다.　　※ 반드시 뒤쪽의 작성요령을 읽고 작성합니다.　　　　　(앞쪽)

접수번호		접수일자		처리기간	
2023-019177		2023-04-21		4일	

저작물	① 제 호 (제 목)	▓▓▓▓▓▓▓▓▓		※ 외국어의 경우 한글을 함께 기재합니다. □ 여러 건 등록: 총 건		
	② 종 류	미술저작물>로고		※ 뒤쪽에 저작물 분류표 및 작성요령을 참고하여 기재합니다		
신청인 < 등록권리자 >	③ 성 명 (법인명)	(한글) ▓▓▓▓▓▓▓		(한자)		
		(영문) ▓▓▓▓▓				
	④ 국 적	대한민국	⑤	주민등록번호 (법인등록번호)	1▓▓▓▓▓	
				사업자등록번호	38▓-8▓-026▓▓	
	⑥ 주 소	경기도 ▓▓▓▓▓▓▓▓▓▓▓▓▓▓▓▓▓▓▓▓▓				
	⑦ 전화번호 (휴대전화번호)	0▓▓▓▓▓▓▓▓ ※ 휴대전화번호는 선택사항이나, 기재하지 않은 경우 신청 진행 등이 지연될 수 있습니다.		⑧ 전자우편주소	lovepet0321@naver.com	
	⑨ 신청인 구 분	☑ 저작자 본인 □ 상속인 등		□ 공동저작자 중 1인(목록별첨) □ 공동상속인 중 1인(목록별첨)		
대리인	⑩ 성 명 (법인명)		⑪	주민등록번호 (법인등록번호)		
				사업자등록번호		
	⑫ 주 소					
	⑬ 전화번호 (휴대전화번호)	※ 휴대전화번호는 선택사항이나, 기재하지 않은 경우 신청 진행 등이 지연될 수 있습니다.		⑭ 전자우편주소		

※ 등록을 거짓으로 한 경우에는「저작권법」제136조제2항제2호에 따라 3년 이하의 징역 또는 3천만원 이하의 벌금에 처해질 수 있습니다.

「저작권법」제53조제1항, 같은 법 시행령 제26조제1항 및 같은 법 시행규칙 제6조제1항제1호가목에 따라 위와 같이 등록을 신청합니다.

2023 년04 월20 일

▓▓▓▓▓▓▓　▓▓▓▓▓▓▓　▓▓(서명 또는 인)

이렇게 진행하면 끝이다.

아이템 위너 제도를 피하는 도구

상표권은 출원하는 데 1년 이상이 걸리므로 아이템 위너 경쟁에서 불리해질 수 있다. 출원 과정에서는 상표를 보호받을 수 없어 위너 방지에 한계가 있다. 반면 저작권은 창작 순간부터 자동으로 보호되며 등록 절차가 비교적 간단하고 빠르다. 보통 4~5일 이내에 완료된다. 저작권을 통해 로고나 패키지 디자인, 콘텐츠 등을 보호할 수 있다.

앞서 언급했듯이 아이템 위너 등록을 피하기 위해 본인만의 로고를 부착하는 게 좋다. 전문 디자이너를 통해 로고를 제작해도 되고, 직접 만들어도 좋다. 저작권을 등록한 로고를 상품에 부착하여 고유 브랜드라는 사실을 증명할 수 있다. 저작권 등록 증명서를 제출하는 것도 도움이 된다.

피할 수 있으면 지혜롭게 피하
자. 공식적이고 합법적인 절차는
아는 대로 활용하는 편이 좋다.

수강생들이 많이 하는 질문

초기 자본금이 얼마나 필요할까요?

오프라인 매장을 창업한다면 보증금, 인테리어, 각종 집기 등으로 최소 7~8천만 원이 필요하다. 그러나 온라인 사업은 통신 판매업 신고 비용인 4만 5천 원(최대)으로 사업을 시작할 수 있습니다. 사입은 제품에 따라 다르지만 2~300만 원으로 충분히 가능하다.

매출이 정말 괜찮은가요?

어떤 제품을 어떻게 판매하느냐에 따라 달라진다. 그래서 소싱이 정말 중요하고, 광고도 활용해야 한다. 본문에서 가르쳐드린 대로 따라온다면 매출은 충분히 발생한다.

컴퓨터를 못 하는데 시작할 수 있을까요?

필자도 처음에는 컴퓨터를 다룰 줄 모르는 사람이었다. 쿠팡은 간단한 온라인 사업이니 기본적인 PC 능력만 있으면 가능하다. 다행히 컴퓨터도 사용하다 보면 다루는 실력이 좋아진다.

혼자 집에서도 할 수 있을까요?

로켓그로스의 장점은 CS가 없다는 것이다. 배송/반품/교환을 쿠팡이 전담하기 때문에 괜찮다. 소싱과 홍보, 서비스에 집중하면 충분히 감당 가능하다.

도매처는 어디를 주로 이용하시나요?

보통 시작은 국내 도매 사이트를 이용한다. '도매꾹', '도매매', '오너클랜' 등을 추천한다.

쿠팡에서만 판매하시나요?

초보자들이 판매를 하고 매출을 일으키기엔 쿠팡이 제일 빠르고 적합하다. 신경 써야 할 것이 가장 적고 사용도 간편하기 때문이다. 쿠팡을 기반으로 판매 방법을 배우면서 폐쇄몰 판매도 함께 하고 있다. (폐쇄몰이란 폐쇄된 공간에서 특정 인원들에게만 가격 정보를 주고 다른 오픈된 공간보다 싼 가격으로 제품을 파는 쇼핑몰이다.)

지금도 셀링을 계속하고 계시나요?

당연히 하고 있다. 현재는 주로 강사로 활동하지만, 갑작스럽게 변하는 쇼핑몰 로직을 알아야 하기 때문이다. 지금은 소형 가전을 눈여겨 보고 있다. 국내 박람회를 자주 참가하고 중국 캔톤 페어도 참가해 새로운 기업을 만나고 제품 소싱을 한다. (캔톤 페어- 중국 광저우에서 열리는 수출입 박람회)

당부의 말

여기까지 따라오신 여러분의 성장은 이미 시작되었습니다. 앞으로 우리가 해야 할 일은 단 하나, 행동입니다. 셀러를 하고 싶은 이유를 잘 생각해 보세요. 외부에서 보기엔 어려운 일 같아도 일단 시작하고 보면 단순합니다. 팔릴 만한 물건을 가져와 세상에 내놓는 겁니다. 책에 소개한 방법들을 차근차근 따라 하다 보면 어느새 나만의 브랜드, 나만의 매출을 만들어 낼 것입니다.

이왕 셀러로 활동하고자 한다면 점유율이 가장 높은 쿠팡이 제격입니다. 공급자에게 편리한 유통망과 시스템을 적극 활용해 일찌감치 경제적 자유를 누리기를 바랍니다. 저 역시 이제는 다음 스텝으로 나아가려 합니다. 셀러로 시작해 강사를 거쳐 권동동이라는 브랜드를 만들고 싶습니다. 제 작은 걸음이 여러분의 성장을 뒷받침할 수 있기를 바라며.

단추를 누르, 행운이다.

풍요로운 가치에위하여 일들을

쿠팡그로스 판매자 가이드

초판 2쇄 발행 2024년 11월 20일

저자   권동동
펴낸이   김영근
편집   김영근, 최승희
펴낸곳   마음 연결
주소   경기도 수원시 팔달구 인계로 120 스마트타워 1318
이메일   nousandmind@gmail.com
ISBN   9791193471173
값   16000
출판사 등록번호 251002021000003